神教経《かみのおしえののりごと》

先代旧事本紀大成経伝（四）

先代旧事本紀大成経第四十巻　経教本紀（上巻の下）

はじめに

先代旧事本紀大成経の原文は、やまとことばに漢字を宛てたものと漢文が混在している。これを素読することから学び始めた。素読してきた文の意味がやがて腑に落ちるようになったのは、素読と平行して学んだ霊宗道によることが大きい。

そしてこの古伝の文に型があることもわかってきた。よって後世に写本した際に加えられたとおぼしき文は型から浮きあがって見える。解説のために現代語に訳すると、その型からはみ出し、文意を損ねかねない。それは畏れ多い気がしてならず、訳することを控えると、ぎこちなく読みづらい文しか書くことができない。書くことの技量不足と、また真に意味を理解していないことが原因ではないかと考え、試行錯誤し悩んだ。

しかし、意味は解ってはいる。素読をしながら、鳥の声を聴くように古代の人の声を聴いた。確かに聞こえ、心に響く。そして胸落ちする喜びさえある。しかし、鳥のオノマトペが鳥の鳴き声そのものではなく、また誰にでも通じる普遍性を持ち得ないように、訳した文は原文を離れ、現代人の感性に寄ってしまわないか。感じたことを表す言葉が見当たらず、実にこころもとなかった。訳のために添えた言葉によって意味が加えられ、固定され、本質から逸れていくことがある。表現が訳者の観念に偏ることは避けたかった。

結局、書き過ぎを避けて簡略に留めることを選んだ。先代旧事本紀大成経にある神聖さや美しさを表すには、虚は虚とし、妙は妙として、表意文字である漢字をそのままに用い、意味から想像する方が正しいのではないかと考える。その想像する力には、霊宗が関わってくる。そして霊宗は、言葉にては伝え難し、言葉にすべからずとある。

推古天皇は「神の道の真髄は如何に」と問われ、神教経は作られた。特に霊宗について審らかにせよと。神の道の真髄とは、天皇の生きる道である。また天皇のもとに務める高官をはじめ全ての官（つかさ）の心得を教えたものである。よって当時の庶民に向けたものではない。

神教経が完成するとさらに詳細なものをと請われ宗徳経が作られた。この経緯は「宗徳経」の序文にある。二経とも公務に関わる者は必読とされた。また「宗徳経」は、立場を問わずすべての人の生き方に通じるものである。

今日、恒久平和を祈念され続ける今上天皇に、人々は期待を寄せている。ただ天皇とは、いかなる責務、あるいは天命を背負われているかは、あまり人々の知るところではない。唯ひとり国を背負う天皇を讃え、仰ぎ見て、期待を寄せるだけでは平和は保たれないことはいうまでもない。天皇のお心がどこから生まれてきたものかを知ることによって、自らも立ち、背負う側になるのではないかと考える。この最古の経典にはそれが書かれている。

この経を読みながら、何を感傷的なことをと思われるかもしれないが、ふいに涙が溢れてくることが、しばしばあった。理由はわからない。だが少なくとも浅学の悔しさだけではない。悔しさと悲しさとが相まった涙は、尊さに胸打たれながらも喪失の時代を目の当たりにしている、非力な我が身を痛感せずにはいられないからだった。この涙に促されるように執筆を続けた。

上古のこころに想いを馳せ、ここに記された言葉がわたくしたち今を生きる者にとって、価値あるものであることを、市井の方々に一人でも多くその心が届くことを願っている。

安齋　玖仁

古典は過去のものでなく、たゞ現代のもの、我々のもの、
そしてつひには未來への決意のためのものである。
——保田與重郎「日本の橋」より

目次

序章

神教経をひもとく意義

日本神道神学の出処

この神教経は題名のとおり「神の教え」を説いたものである。しかし、多くの人にとって神は教わるのではなく現世利益のために願うものであり、神に学ぶと考える人は少なかったのではないだろうか。もたらされた結果に学ぶことはあったにせよ、始めに教えがあることを知っていた時代は遠い昔のこととなった。

神とはそもそも何か、神の道とはいかなるものかという推古天皇の問いかけ（勅命）によって神教経が著されたことを思うと、神道の教えを簡単にはわからないのも致し方ないのかもしれない。

現代では聖書や仏典は解説書も普及しわりによく知られている。しかし神道について思い浮かべるのは記紀神話くらいである。神話に寓話的示唆を読みとり、国生みから天孫降臨までの神話を国史としてそのままにされてきた。書かれた地名から古代史を推理したり、天皇陵を訪ねたり、興味の対象は神そのものではなく人のルーツ探しである。そして神話を人の側から読み、神を擬人化し、神代を人の世の映し鏡のように解釈している。つまり、奈良時代から明治時代まで神道はずっと、理論形成をされないまま神話世界を語り継いできただけであった。幕末期の復古神道および明治の国家神道はその延長にあった。

先代旧事本紀大成経は記紀神話とは異なる。先に述べたように推古天皇の「神を明かにせよ」という勅命によって著された神教経を含む経教本紀が収められ、そこには神道神学の理論が書かれている。それを基本に神話は読み解かなければならない。そうすると、神は擬人化することはできない。神道理論は始めあったものが奈良時代の記紀の編纂時に抜かれたと考えるのが妥当であり、神道を教義なき宗教にしたのは為政者であるだろう。

これらは議論の分かれたまま今日に至っているが、五鎮三才を前提にしない神話の解釈では、神とは現世利益をかなえる存在にもなるだろう。そこから万物と人が生まれた理由を知るすべはない。生まれがわからなければ死もまた理解できない。それを想像で埋めてきたのが、これまでの神社神道の由緒や復古神道の天・人・幽界譚であった。

さて神教経は聖典というべきものだが、ごくわずかな研究者などを除いては知られていなかった。先代旧事本紀大成経の名は知っていても神教経を知る人は少ない。先代旧事本紀大成経の鷦鷯伝ではなく完成版の七十巻本を手にとらないとわからない。

前著でも繰り返し書いたが、偽書説云々というより難解であるため人を寄せつけなかったと推察する方が妥当ではないだろうか。

しかしながら（あたりまえではあるが）、推古天皇はそうではなかった。神教経が完成した時の詔が、序文に置かれている。

「神についてよく了解した、これを皆で学べ、それでこの先は安泰である、よくやった」と、もっともこんな言い方ではなく崇高な言葉でそう宣られ、聖徳太子を賞讃された。序文は本文の全体及び各章について述べられており、またその後には聖徳太子に仕えた大連秦河勝の添え書きがあり、二重三重に神教経とはいかなるものかが説明されている。

西暦五九四年、神武天皇から数えて三十三代目の推古朝二年目のことである。上古の最後の頃、律令制度が用いられるようになるまであと約百年という時で、日の本の国、倭国の最後を締めくくった時代である。

聖徳太子が二十三歳の時であった。太子は翌年には詔によって豊聡八耳太子、大法王、聖徳太子と称されることになる。しかし自らは尊称を固辞された。よく知られている聖徳太子という名は推古二十九年（西暦六二一年）、数え歳五十歳で薨去された後に、大連秦河勝が推古天皇の命によって記したものである。聖徳太子の記述した文には「臣、厩戸」、あるいは上宮皇子と記されている。

しかし優れた才能とその大きな徳を賞讃しての聖徳という尊称が誇張ではないことは、先代旧事本紀大成経の他の巻にも詳しい記述がある。たとえば、若くして高麗の儒学者 学哿に西儒を、同じく高麗の僧 恵慈、百済の僧 恵聰に仏教を学んだ。さらに中臣御食子には東儒を学んだ。まだ若い皇子の頃のことで、それを敏達天皇に願い出た際、理由を問われ皇子は、次のように答えたとある。

「宇治太子（菟道稚郎子、第十五代応神天皇の皇子、仁徳天皇の弟）は至聖にして尚、王仁（応神天皇十六年二月、皇勅により来朝した菟道稚郎子の師）に学ばせられたまうに愚人《わらわ》のごとき凡人《ただびと》において如何で済まされましょうや。西儒の基は黄帝、帝属の眞人が道を伝え、それを周公、孔子によって広め伝えられたもので、何で学ばずしてその眞を得られましょうや、陛下」（東儒とあるのはいわゆる儒教ではなく、日本古来の神の道の根幹を指す霊宗道、宗源道、齊元道の三部の教えを含む道を指す）

そして中臣御食子を神道の師として学ぶこと十年、ある日太子は御食子を前に、「寡人《われ》、汝の祖を思うに、天物梁神はよく天孫に事え、天種子神もまた神武天皇に仕え、代々忠義を以て今日に至り一世と雖も不忠のことはなかった」といわれ、御食子への信頼のほどを伝え称賛されたとある。

これらの逸話は聖徳と称される根拠でもあるが、それほどに秀でた才も徳もある人物といえども学びの師に対しては謙虚であったということもいえる。これは聖徳太子の人柄を伝えるとともに学問を志す者の姿勢はかくあるべきという教えであるだろう。神道神学の肝にあたる神教経及び宗徳経を読み解くにあたっては、これを念頭におくことはもちろんのことだが、学びごと全般に共通することである。そして、師とは目の前にいて導いてくれる人だけでなく、書物でしか触れることのできない先達、先学もまた大事な師である。おろそかに読むことはつつしみたい。

さて話を神教経に戻そう。政はマツリゴトと訓む。国を治めることは上古までは神をマツリ、神に伺いを立ててそのとおりに行うことであった。上古からさらに遡った時代の生活もまた信仰が中心にあった。縄文、弥生時代古墳の出土品にもみられるが、神と人の暮らしは密接で、古代は神（呼称は別として）の存在は、生きることと不可分の時代であった。

朝廷成立後、祭祀政治は神官を列島各地へ派遣し、神の道を広めることによって行われた。各地の豪族たちそれぞれが祀る神々に加え、朝廷は天神と地神との別を伝え、暮らしに必要な技や方法をもたらすことで中央集権化をすすめていった。

口承によって伝えられたそれらの歴史や祭祀の秘事は、途中からは神代文字に替わり各家ごとの紀《ふみ》が伝えられていた。祭祀に関わる吾道、忌部、卜部、三輪、出雲及び左右大臣の物部、蘇我氏の各々に家伝として秘蔵した紀*があった。

こうして祭祀にまつわる伝承は実践されてきた。だが飛鳥時代の当時においてもすでに古代は遠く、神道の真髄を知る者は限られていたのである。人皇の時代が三十五代まで続き、この先々、磐余彦尊（神武天皇）以来の神の道を途絶えることなく継いでいくには、祭祀儀式は行えたにしても、神道の意味するところがわからなければ心もとない。

「神の道と祭礼の意味を誰にも理解できるように、言葉によって明らかにしなければならない」と太子は推古天皇の問いに対して書物の必要性を奏上した。そして推古天皇の詔を承ると、わが国初の神学の書、神教経と宗徳経という二巻が著された。

天皇は完成した神教経を前に、これを広く人々に伝えて日嗣を滞りなく行うことが国を守っていくために必要であると詔をされた。これは序文の通りである。

また、推古天皇のまつりごとは、聖徳太子薨去から七年後の推古三十六年に幕が閉じるまで、この二経（神教経と宗徳経）と、その後に制定された五憲法（聖徳五憲法、通称「十七条の憲法」の原典）によって支えられた。これらは先代旧事本紀大成経（第三十七、三十八巻聖皇本紀）に記されている。

それから十七年後の六四五年、乙巳の変によって蘇我蝦夷が自ら館に火を放ち自害したため、天皇紀など古伝の類はすべて焼失し、伝承の記録すべてが失われたと日本書紀にあるため、わが国の歴史、文化の多くが奈良時代からしか語られない。

推古朝の業績、宝ともいえる二経及びいわゆる十七条憲法を含む先代すべての記録は灰燼となったとし、かくしてその後の律令政治へと変化していく歴史の中に、祭祀の基盤である神道神学の跡はどこにもない。消されてしまったというほかないのだが、千三百年来、初めから無いものとされてきた。

これは時の天皇自らが祭祀による政治より、律令という人の策定した法を選択したということでもある。神道神学に鑑みれば、進歩ではなく破壊と破滅への道ということになるのだが…。

いや、新時代も神道の祭祀は引き継がれてきたのだと見る向きもあるだろう。しかし、神学を抜きにして祭祀は成り立たない。神とは何かという認識が共有されてこそ祭祀儀式は意味を持つ。人の都合に合わせて作られた儀式は、眞の神の教えとは異なるものだ。

そして人の作った法が神の領域を決めていくようになった時代にも、あいかわらず多大な期待を神に託すことだけはやめなかった。いやむしろ強欲を慎まなくなったということだろう。社格*が新たに定められると主祭神の入れ替え、同時に神社の由緒の書き変えが行われた。これは明治時代の新政府と同じである。

古代においても神を祀る社を建てるには理由がなければならなかった。それは霊宗に基づく。つまり霊験こそが神が坐す理由であり、由緒となったのである。霊験なく神を祀ることは推古朝においては神職憲法（聖徳五憲法）によって禁じられていた。迷信やまやかし、神の名を借りた権威主義を防ぐためであった。

こうして奈良時代以降しだいに、神人《かんつびと》（眞人）の不在は、世の中の人々から本当の神を遠ざけていった。神の言葉を具現化するスメラミコトから人の世の権力者へと質を変えた天皇は、当然のことだが無力化されていく。やがて皇親政治の時代も終わり、摂関政治へと移ると、倭国の古道（神道）は後退し、天皇の帰依を得た仏教が朝廷を支配するようになる。

　このような後の世を予見した聖徳太子は、神道国家が滅びてしまわぬように備えとして、神の道とはいかなるものかを書き記した。これは当時の治世のためだけではなく、未来に生きるわが国の民の安寧と、そしてつながる全ての人の平和を願ってのことであった。

　推古朝が終わり、争乱により灰燼と化し失われたはずの旧事《ふるごと》の記録が実は秘匿され、災難を超えて伝えられてきた。神教経はそのうち最も重要な巻である。神道の教義として、神の道とは何なのか、神道国家の本来の理想であるまつりごとはどういうものなのか、それはまた人に何をもたらすか、神道の基本がまとめられている。

　序文の、熱意と信念を込めて書かれた文章には少なからず胸を打たれた。易しくはないが、とりかからねばならないと思った。その思いはこの書物を目にした人々が驚きとともに共有する感情ではないだろうか。

　特に、国家神道を掲げた聖戦によって、多くの命を犠牲にした歴史を踏まえれば、正しい神道とは何であるか、知る意味はあるだろう。

＊　各家伝の紀は、奈良時代以降に正史とされてきた日本書紀及び古事記にも取り込まれた。また記紀以外の古伝書は他にもある。記紀のみが正史という見方ではなくそれぞれが真偽を問われ、不足と過剰を補い合うものと考えたい。

＊　延喜式（九六七年施行）神社の社格を定め、祭式などを新たに明文化した。

天政とデモクラシー

天政とは神の心のもとに人を統べて国を治めること、またその元となる法則をいう。そしてそれらを行うのが天皇という役目であり、臣という字で表されたのが今でいう官僚・政治家であり天皇の補佐役を務める。天政の中心にあるのは神の心であり、そこから外れた法は無道、外道と扱われる。民主主義との違いは、人の意志や意見の前に第一義として神の心が基準になっているところだ。

民主主義の法は人が定めたもので、天政は字のとおり天にしたがって天の理が法となる。人によって神は信じるも信じないもあるわけだが、天政の下では神の心を基として善悪、賞罰が定まっている。そこに人の利害や私心を微塵も挟んではならないのである。これを政治として行うには天の心、神の心とはどのような心なのか知ることが肝心である（これは「宗徳経」に詳しい）。

戦前の国家神道から敗戦後の人間宣言へ、極端な天皇の思想転換は戦前戦中に生きた人々の心をかき乱した。生きる意味を問い直し、ある者は喪失感に苛まれ、ある者は勇気を得た。そして、当の天皇にとって敗北であっただろうか。

確かに国は焦土と化した。戦後の天皇家は、その責任を背負われ続ける姿がクローズアップされた。ただ神教経に沿って考えるならば、逆賊と悪臣を見極める力を持ちえなかったことへの悔いは大きいことと推察できるし、全ては当然の帰結、理の定めといえる。

こうして神道をめぐる環境は変わったかに見えるが、しかし戦後もまた神の心は聖徳太子の時代に置き去りのままなのだ。それを語れる者はほとんどいないまま、すでに逆行が始まって、激しいせめぎ合いをしている現状である。戦後の「新しき時代」はまだ来てはいないのではないだろうか。ここでいう新しき時代とは、神教経にあるように、人々の平和のための政治が行われることをいう。

デモクラシーを手に入れた国民も伊勢の神官をはじめとする全国の大社も、神といえば年中行事の儀式を行うことで無事安寧を願う。それによって多少の安心を与えられ、神社は経営の維持を図りながら恙なしとし、戦後七十余年は過ぎた。
するとどうだろう、かつて戦争に荷担した過ちを忘れてしまったかのように、改憲のための署名用紙を境内に置く神社が現れた。非戦を唱えるべき聖域に再び利害を持ち込んだ。当然、それに反対する氏子、または上部からの指示に従わない小神社もあり、上部組織からの圧力に抵抗している。この状況を天皇に直訴したい宮司もいると聞く。戦前の悪霊を誰ならば鎮められるのだろうか。頼む先は天皇でないことは確かである。

さて神の心とは人においてはどのような心か。本書の第一～五章（及び既刊「宗徳経」）に詳しいが、簡潔にいえば天賦の徳である。その徳を重んじ、徳なき者に国は治まらずとしたのが天政である。徳は深く広い。一口にいってしまうことはできないほど、人の、この世の、あらゆるものの命の綱というものである。

よって天政とは精神つまり根幹にあるものが重要であり、君主政治のことではない。その根幹を一心といい、そこから始まり、それを基とするのを天政という。そして、それを言葉にし、法として定めたのが聖徳五憲法（十七条憲法の原典）であった。

果たせるかな奈良時代は祭祀政治に代わり、政教分離の新体制、律令制による統治となった。だが覇権の野望を人が作った法のみで抑えることは困難であった。推古朝の終わりとともに天政は途絶え、神の心は抜き取られたまま現代へ至り、千三百余年が経った。

現代にあって、人が天皇の意味を正確に知らず、また神道とは何なのかを知らず、宗教か否かというようなことを議論し続けているのもやむを得ないともいえる。キリスト教圏の欧州もまた十九世紀から二十世紀にかけ、神無き時代となっていった。人口が増え、物と権力が合体し神より上位に置かれるようになると、しだいにキリストへの信仰も形を変えていった。

ひとつぶの砂にも世界を
いちりんの野の花にも天国を見
きみのたなごころに無限を
そしてひとときのうちに永遠をとらえる

右はウィリアム・ブレイク（一七五七〜一八二七）の詩「無垢の予兆」（ブレイク詩集訳・寿岳文章）の冒頭四行である。

ブレイクは神とともにあることを詩や絵画にした。神の御子イエスと神の恵みを称える詩、そこから漏れ落ち迷える子羊、黒衣の僧によって侵された花園の落胆など神から離れた人の醜さ、それと対比するように天上の無垢を描いた。この神の概念はキリスト教神秘主義特有のものというわけではない。日本の神もまた、無限と永遠の天祖から始まっている。天の眞縁《まよざし》から始まり、そこへ還るのを最良とする生き方を教えているのが日本の神学なのだ。それは記紀に書かれた神道、神話とはかなり異なったものである。

正しい神学を知った上でブレイクの描いた神を、あるいはカトリック信者であった須賀敦子の詩を、日蓮宗に傾倒した宮沢賢治の詩を読むとき、感じる神は同じ一つである。そのとき、宗教という壁や民族の違いに制約されることはない。神仏と人との関係は生みの親と子のそれであって、表現は異なるがそれぞれに共通するものである。

そして、あらゆる恵みがそこからもたらされていることもまた同じである。親子であり、また我らをとりまく広大無辺の自然界と生きものたちのつながり。そこにあるものを愛とよび仁とよぶ。また義とよび、理とよび、それが法ともなる。人は恵みに感謝し、また控えめにそれをいただくことを信仰によって学んできた。

古代の人々が感じとり悟ったこのようなことを、今の時代には理解できなくなったわけではない。歴史や政治は神を葬ってきたけれども、求める人には時空を超えてその心が通ってきた。そのことを文学や芸術を通して知ることができるのは一つの救いといえよう。

そしてデモクラシーの根本は市民の平等性に立脚していた。この平等精神とは、日本の古道あるいは東洋思想でいえば仁智義礼信の結果といえる。互いを思いやり、譲り合い、協力してより良い方策を求め実行すること。中庸を重んじ偏らないこと。

だが現実はどうだろうか。資本主義社会は今日、末期症状である。貧富の差は君主制国家とそう大差ないほど極端に広がってしまった。片方は貴族のような金持ちの市民、かたや働けどはたらけど貧しさは親から子へと受け継がれ、低所得層から抜け出すのは難しい。国家間の経済格差も個人レベルも、この差が生む不平等不公平は、富める者と貧しき者との闘いとなっている。

かつては競争と言い、その競争が当然のように言われ、自由とも自己責任とも言われた。それは民主政治が正当に機能していればのことである。現状はデモクラシーだけでどうにかなるものではなくなってきている。この闘いは、おそらく貧者に勝ち目はないだろう。

持てる者はその財産を元手にさらに世界を搾取し、雪だるま式に財を成し殖やしていく。民主政治にあるはずの法もシステムも、みな彼らに絡め取られ、市民の代表であるはずの政治家が黙ってしまえば、その勢いを止めることはできなくなる。

では持たざる者、無力の者、弱き者はどうすればいいのか。その苦しさにつけいって神を拝めという怪しい宗教も出現する。神学がなければ拝むことの意味を知らず、甘い言葉を頼り、藁をも掴み、溺れてしまったりもするだろう、現にそういうことはあったし現在進行形ともいえる。

君主政治の昔のように、貧しき者は金持ちを下から見上げ、項垂れ俯くのか。そうであれば逆戻りである。デモクラシーの下で貧富の差を是正するにはどうしたらいいのか、平等な社会はどうやって築くのか。

はじめに述べたように、天政とは神の心を範として国を治めることだ。政治家、役人は貧富の差を放置することは許されず、多くの宝を独り占めすることは徳に反する、それは誰にも許されることではない。持てる者は分けねばならないし、持たぬものに回るようにしなければならない。人はそれぞれに分といううまれつきの才があり、それに沿って生きられるようにするのは政治の役目だ。分を知れという言葉は悪い響きが強くなったが、そういう解釈も世情の影響だろう。自らの分を知るとは、他と比較し競争することではなく、才（はたらき）を知り、可能性を認めることである。天政という言葉はどこか「明治政府の天皇制」を連想させるかもしれない。だが戦前までの天皇制は天政とは逆であった。身分制度は貧富の差につながり、神の心どころか人間性からもかけ離れていた。

天政とは心を基本に置くものだ。だから弱者や貧者を救い、富を分け合う社会は当然なのである。天皇は自らがその手本となるべき存在として、大仁をもってそれに努めよと先代旧事本紀大成経には記されている。

昨今顕著になってきたデモクラシーの危機は、富裕層の出現だけが直接の原因とはいえず、誰もが自分が正しいと思う、自分は間違っていない、と主張する、だから会話が成立しない、自己保身のためには他を受け入れたくない、こういう分断も大きな要因である。自由と正しさの基準は自己都合となって、どちらも譲らない。話し合いで解決しようにも、基準の立て方や事実認定の仕方をそれぞれの方法で主張するのである。これでは争いや対立はなくならない。

この自己都合の源は、それぞれの感情にある。感情に始まり感情で争い、結果として法の裁きに至っても、司法権力に感情が介入する。この時点で政治は腐敗する。

資本主義社会の成熟とともに、デモクラシーも形骸化されてしまったといえる。そもそも基にあったのは公平公正を求める理念と心であったはずだが、君主政治が権力に固執して法を枉げたあげく頽廃するように、民主政治もまた同じ道を辿っている。

何が原因なのだろうか。人は、どうやら心と感情の境目を踏み間違えてしまったようだ（脳科学という分野では感情と心を混同している始末だ）。人が心を失うとき、どのような体制であれ社会は乱れ、禍も増える。その心の在りようを教え、支えるのが神であり神学であったのだが。

本来の天政は、明治政府が大日本帝国憲法に定めたような「万世一系の天皇の政治」ではないのはいうまでもないことだが、「天」の意味するところをあいまいにしたまま、神の心とそのはたらきを知るべくもなく、天政は理解し難い。

天皇もまた人である以上、その学びを必要としてきた。古代の天皇紀には神に学ぼうと努めた天皇の言葉がたびたび記されている。推古天皇もその一人であった。

聖徳太子によって著された神教経は当時、蘇我馬子一族の横暴を阻止するのに役立ち、また官の身勝手を戒め、民に尽くす政治の根拠として用いられた。

天政に倣った推古朝は、対外交易を盛んにし、物、文化、学問の交流を深めた。それらは産業及び国土の整備を推し進めることにつながった。また今でいう福祉政策もこの時代に始められた記録がある。例を挙げると長くなるが一つ紹介しよう。

「天皇が先に民への仁として貢を赦されたが、田を持つ者にしか恩恵が行き届いていなかった。田を持たない鰥寡孤独《かんかこどく》（妻のない夫、夫のない妻、みなしご、老いて子のない者、よるべのない独り者）には何の喜びも得られず、その身の上を恨むしかなかった。

天皇は天下の父母である。どうして抛りどころ無き貧者を棄てていいものか。仰ぎ、願わくば宜しく其の情を察し、其の恨めしさを救い、其の悦びをあたえたまえ」と皇太子が奏上し、天皇は善哉《よきかな》と答えた。そして屯倉《みやけ》の粟を与え、行路の料として大城にとどまらせた（ホームレスを都から追い立てなかった）。さらに悲田院*を宮の東の門に立て、悲養部を置き衣食を施した。皇太子はここに周の昌文王*像を造り、独り者の長者に与えた。そして「天下の黎民は皆天皇の子なり。父母としてなんぞ等閑《なおざり》に子が飢餓に悲しむのを眺めておられようか。汝たち養部等《つかさたち》、等閑にする勿れ」と役人に言った。また諸王、大臣、大連に命じて、「この天皇の養部を以て後の天皇に伝え、之を棄て止むことなく、このとおりにしてはげむこと 真《まことに》 三年して天下に鰥寡孤独を無くさせしめよ」と言ったとある。（先代旧事本紀大成経第三十七巻 聖皇本紀より）

現代の民主国家の下では福祉政策は当然のことだが、現在の状況はそうともいえない。防衛省の予算が青天井で膨れあがり国家予算を押し上げる一方、福祉予算は年々切り捨てられてきた。障害者施設の助成金は減額され、鰥寡孤独の人が増え、雇い止めで寮を追われ住居を失う人、絶望で自殺する人等々、毎日悲しいニュースに事欠かない。

これを憂えても、個人ひとりの力でどうにかなるものでもない。正しく民主政治が行なわれるにはそれぞれが、自らの心とも対峙しなければならず、協力しあわなければならないのである。

沖縄で起きている基地反対運動は他所の出来事か。原発事故で移住を余儀なくされた原発立地県の被災者は数年経てば自己責任か。立地県でない周辺住民は不安を解消する権利はないのか。放射能汚染中の大気の下を避難した子どもが被爆して甲状腺癌と診断されても原因は認められないし補償も受けられないのはただただ不運ということか。放射能汚染地帯の故郷へ戻らないのは、故郷を放棄したのではなく戻っても生活できないからなのに補償は打ち切り、我が家の土地は向こう何十年か百年か荒れ放題のまま、ならば国の、東電の償いとは何なのか。働けない障害者には職場が無く貧しさに一生甘んじなければならないのか。親の介護のためならば失職しても仕方がないのか。自力で動けるうちは老老介護があたりまえなのか。生活保護を受けると引け目を感じなければならないのか。進学したくても家庭が貧しいなら借金するしかないのか。奨学金は借りたのだから、期限通り利息付きで返さねば裁判に訴えられ、差し押さえられてもしかたがないのか、貸付金なのだから。

あげたらきりが無い不幸が目の前にあるけれども、本来ならばこれらに政治は答えなければならないはずだ。そして、人々もみな他人事にせず考えなければならない。明日は我が身に起きる問題でもあり、起きる起きないに関わらず、他人の苦しみを我が苦しみに感じるのが心であり、仁である。

その心があるかどうか、選挙で代議士を選ぶときの判断基準でもあるが、自分にないものが相手にあるかわかろうはずもない。しかし利益誘導の約束だけを選択基準にして果たして幸福が得られるか。そうではないはずだ。我が事だけでは済まず、つながっているのが世の中だからだ。民主主義を守っていくためには、この心のあるなしを見定める心が、我が胸にあるかどうか、自らに質さねばならない。

質《ただ》し、格す。タダすには基準が必要だ。右か左かではない。上下でもない。中庸に格す。これが天政に学ぶ正しさである。天政はデモクラシーに反するものではなく、むしろ親和性があるということである。

昔から日本の道は中庸を重んじてきたし、小さな共同体の中に今もそれは生きている。しかし対話が不可能になりつつある今、それを知らない人々が基準なき論争をしている。自分の経験こそを真実とし、我は正しいと主張するばかりではなく、古きに学ぶことが今こそ必要ではないだろうか。（断っておきたいが明治時代は古くはない。ここでいう古くとは、奈良時代以前までを指している。）

＊昌文王　中国の周の始祖。武王の父。仁政を行い人民を大切にし聖王として敬われ、為政者の手本とされる。

＊悲田院　養老七年（七二三年）、後の光明皇后が開いたのがわが国の記録上最古とされるが、聖徳太子が行ったのは推古七年の秋と記されているので、それより約一二三年前のことになる。

「万世一系」という言葉がもたらしたもの

先代旧事本紀大成経は神代本紀に始まり天神、地神、神祇、天孫、そして古代天皇から推古天皇まで歴代天皇記（神皇本紀、天皇本紀）と、神道に関する理論および神道政治の要諦他、およそ国家経営と人々の暮らしに必要な事柄が記されている。この膨大な記録の中で、天皇の本質的な意味が説かれているのが神教経である。宗徳経に続き、神道三部（宗源・斎元・霊宗）、そして天皇の役割が詳細に書かれ、先代旧事本紀大成経では最も重要な巻にあたる。

ここでいうところの天皇及びその政治は、先代旧事本紀大成経が編纂された推古朝（飛鳥時代）までをさし、明治憲法以降の「天皇制」とは、意義も内容も異なっている。また、現憲法による「象徴天皇」とも違うものである。

一般にいわれる「天皇制」とは、明治維新の後に新政府が制定した大日本帝国憲法の下に定められた統治体制をいう。よってそう古いものでない。これは天皇の存在そのものではなく、「絶対主義の性質を持つ政権機構」のことをいい、「絶対天皇制」ともいわれる。

また象徴天皇とは戦後の新憲法において天皇の位を定義したものであり、政教分離を明確にしている。象徴天皇は、政治に直接関与しないということは神道、つまり神の威光を戦前のように政治利用してはならないと定めたということである。

このように、政教（祭政）つまり政治と宗教の関係もまた戦前とは変わり、戦前の「天皇制」の柱であった国家神道は、敗戦後にはGHQの神道指令によって解体された。国政と分離された後、全国の神社（国家神道に属した神社神道）は伊勢にある「神宮」（伊勢神宮）を本宗とする宗教法人神社本庁*に属している。

こうして国家神道はなくなったが、天皇による宮中祭祀は継続され、国家と国民の平安を神に祈るという天皇の役目は恙なく行われている。

また国事行為である公務の多くを、国民はよく知ることができるようになった。それに対する人々の興味あるいは期待は、年々大きくなってきたといえる。

戦後の昭和天皇、そして今上天皇とともに常に念頭に置かれてきた平和国家への祈りは、沖縄への慰霊の旅を自ら希望されたことにも表れた。被災地訪問と、そして戦死者への追悼行事、広島・長崎の平和式典へのご臨席が報じられるたびに、国民の共感と理解は戦前にも増して深まっていったのではないだろうか。

そこから考えると、明治政府が作った王政復古の「天皇制」よりも象徴天皇の姿の方が、より古代天皇に近いといえる。

国立公文書館にある記録によれば、明治初期から行われ始めた明治天皇の巡幸は全国各地へ及び、大正天皇もまた、皇太子時代から名代としての行幸も含めると少なくない回数である。

しかし、明治政府の積極的な欧米化策によって都市部のインフラ事業は進んでいたが、地方は財源の問題もあり昔ながらの景色と道路事情である。風光明媚は誇れても、迎える側の準備は大ごとであった。行幸先に選ばれた地方は結果として、通信設備や道路整備などの発展が促されることとなり、それはまた地方行政官の利権にもつながっていった。

また行幸を一般大衆が近くで見ることははばかられ、選ばれた者のみが集められ侍るのである。人々と天皇の間には隔たりがあった。天皇とは現人神《あらひとがみ》であり、臣民（平民）はただの人である。この絶対的な壁の間に政府があり、また軍部の存在があった。現在の「国民に寄り添う」象徴天皇という在り方は、天皇の本来の姿を「天皇制」から取り戻したと考えることができる。というのも先代旧事本紀大成経に記された天皇のあるべき姿は、今上天皇のお言葉と重なることが多く、またその意味も符号する。

このことは明治政府が作り出した「天皇制」が古来の神道の伝統とは異なることを示している。

さて、「天皇制」に付随した言葉に「国体」「忠君愛国」というものがある。これらは、明治、大正、昭和と長く続いた戦争の時代に、戦意を高め、反乱を起こさせず、国民を統率し一致団結させる目的で用いられた。そして、この言葉は常に天皇とセットであった。したがってこれらの言葉が思い出されるとき、悲惨な戦争の記憶と天皇は切り離すことができない。戦後に生まれた戦争を知らない世代にしてもそのように刷り込まれてきた。

本書に頻出する天皇というワードで、筆者を右翼思想の持主だと思う人がいるかもしれない。そのような危惧をせざるをえないほどに、条件反射的な受け止めかたは存在するのである。「天皇」の持つイメージは固定され、人々の思いを二分する強固な力を持つといってもいい。その是か非かは正しい歴史認識をしないことには言えないのである。

敗戦の翌年元旦には、天皇の人間宣言として知られる「新日本国建設に関する詔書」が発表された。前半は明治天皇の五箇条の御誓文が置かれ、続けて「朕ト爾等国民トノ間ノ紐帯ハ、終始相互ノ信頼ト敬愛トニ依リテ結バレ、単ナル神話ト伝説トニ依リテ生ゼルモノニ非ズ。天皇ヲ以テ現御神トシ、カツ日本国民ヲ以テ他ノ民族ニ優越セル民族ニシテ、延テ世界ヲ支配スベキ運命ヲ有ストノ架空ナル観念ニ基ヅクモノニモ非ズ」と宣られて後半に続く。この部分を以て「人間宣言」とメディアが報じ定着したのだが、全文に通底しているのは、焦土となった地で再起をはからねばならない多くの国民への励ましである。詔の目的はそこにあったといえるだろう。無論、「現御神とし~かつ~」の部分を、「架空なる観念」と否定されたことは重要であり、衝撃であったにちがいないが。

これにより神国日本としてあったそれまでの価値観が全て覆された。

しかし、全てが新たになったかというとそうではなかった。お言葉の解釈は様々に試みられてきたし、また歴史修正主義は根強くまかり通り今日に至っている。記憶に新しいのは昨年、「教育勅語」について、「今の道徳に使える、普遍性がある」と文部科学大臣が発言したことである。「現代的にアレンジして使えるよう検討する」と重ねたことにも当然、批判が相次いだ。教育勅語は国家神道体制の要の政策として発布されたもので、一九四八年に国会で失効が決議されている。

　また政府与党は近年、憲法無視の法案をたて続けに国会で可決した。わが国は戦争できる国へと逆行しつつあるといえる。平成三十一年度防衛省予算は過去最大となる五兆二千九百八十六億円を計上（昨年度八月時点）で前年度から約一千億円の増額である。戦後七十三年にして、平和憲法の下にもかかわらずこのような状況に面してしまった。

　戦前の「国体」や「忠君愛国」が亡霊のようにうごめき、不安をかきたてる。かつて、これと同じことがあった。それがどこへ続き国民に何をもたらしたかを思いださねばならない。歴史を正しく顧みることと、天皇と「天皇制」の違いを明らかにすることは一つにつながるといえる。

　ちなみに改憲推進派による天皇の位置づけは国家元首とするというもので、天皇親政の復活を意味している。つまり与党の改憲案は、明治政府の大日本帝国憲法と同じで、国民を主権者とする現在の憲法を根本から変えることになる。合わせて基本的人権及び恒久平和主義が揺らぐことは必至だ。近年報道されてきた今上天皇のお言葉から推察すれば、そのご意志に反した天皇像となるだろう。

　そして皇統は万世一系であるという論調もまた、大昔からそうであったかのような雰囲気が醸されてきて、かつての大政翼賛会のキャンペーンにも似てきた。「万世一系」とは明治時代以来の言説で、記紀の天孫降臨神話の〈天照大神の命により天孫の瓊瓊杵尊が地上に降り、豊葦原の瑞穂の国（地）を造っていく、そのとき天孫に三種の神器が授けられた〉ということを根拠としている。

天皇に代々承け継がれていく神器は、国の王たる天皇の徴、神璽である。そのうち神鏡は天照大神の魂が託されたものである。

神の霊魂《みたま》とは神の心をいい、その心を代々受け継いで国を護り栄えさせていくのが天皇の役目、存在意義である。よって新天皇が践祚するときはこの神器を承け継ぐ。肝心なことは承け継ぐ神器は単なる物ではないということである。神代から人の代まで亨る一心（人の世では大御心）を承け継ぎ、絶やすことなきようつなげていくことが皇道であり、天皇は神の心を具現化し、政治に活かしていく。私心を滅してそれを嗣ぐ道を神道といい、天道という。天皇の生き方はこの道以外にはない。それは尊いが至難のことでもある。

このように神代から一心を承け継いでいく存在という意味においてであれば、万世一系ともいいえるが、実際には明治政府は違う解釈をしてきた。

天皇の大御心という言葉を明治政府は用いたが、現実の政治は大御心とは乖離していた。万世一系の皇統とは、大御心の継承ではなくいわゆる世襲であり、血統の話にすり替えられたからである。血統ならば権力闘争に堕ちる。それは天道ではなく、神道とも遠いものである。

天照大神の御霊代である神鏡を戴き斎奉り、神と一体となられる天皇を、明治政府はすなわち現人神と称した。神に仕える優れた人を指す尊称として神人ということはあるし、また、真人と書いて聖人をカンツビトとよぶことは古伝に記されてもいる。しかし現人神あるいは現御神《あきつみかみ》という呼称は、天皇を絶対視し崇敬を強いるために用いられたものだ。昭和二十一年に昭和天皇が「架空なる観念に基づく」と詔されたのは、敗戦後の詔だからというだけではなく、明治時代から現人神が架空だったことを率直に述べられたままでだろう。

しかし明治政府と大教宣布を担った国学者たちは、わが国は天地無窮、つまり永遠で限りなく続き、皇祖天照大神の裔である天皇もまた「万世一系の皇統」につながる存在であり、政変によって入れ替わる外国の王とは違うのだといった。永遠性をいい、盤石さを強調する、それはまた神性をいうのに等しい。そして外国との比較は、民族の優越性をいうためでもあった。

祭祀を行い神とともにあるといえども、天皇は血が流れる肉体を有した存在で人である。斎奉りて神人一如となるというのは、私心を滅却して心身ともに神と一つ心となるという精神のあるべき様をいう。それは人が神となることではないのである。

また、神璽は神の心を表した器であり、いかに在るべきかを教えるものだ。それを持つ天皇は「血に伏して泣く」と表現されるように、生まれながらにして皇位の定めに在る。それは私の都合によってどうにかできるものではない。また、肉体を有する人間性を超え、慎み深く私心を滅し、神の心をわが心として生きるのが常でなくてはならない。このように凡人を超越しなければならないので、努めることを怠ってはならないのである。背負うものの大きさを思えば、凡人《ただびと》ならば病にもなろうかというものである。

その皇位は尊く、現御神という尊称はいいが（おそらく今上天皇は固辞されるだろう）、文字そのままに解釈してしまうのは愚でしかない。神は永遠、人には寿命ありというのは自明のこと、生き神などという解釈を政府が勧めたのは異常なことである。

皇祖天照大神、そして天皇を崇めよと宣教しながら、同時に不敬罪によって国民を過剰に圧迫したが、これこそ天照大神の大御心に沿うやり方とはいえない。なぜなら神の道には、大仁、忠恕は頻出するが忠や孝はほとんどない。天皇の大義ではないからである。

古代からの伝統は大仁をもって民をいつくしみ、それが雅と礼楽を重んじることにつながっている。君主の苛政はもっとも戒められた。民に重税を課し、苦しめてはならないことは、古伝の天皇記にくり返し表れる。だが、国家神道は武家思想の流れをくんだ剛健さと江戸時代からの儒教への偏りが前面に出て、国民に忠君と滅私奉公を求めた。

忠は臣すなわち官《つかさ》の心得だが、明治憲法（大日本帝国憲法）では国民を臣民といった。一般に臣民とは、君主国家において国王に支配される人を指す用語である。敗戦後の昭和天皇の詔で、「国民」と呼びかけられたのも印象的である。

古伝によれば臣はオミであり、天皇に仕える政治家や役人のことをいう。そして民は蒼生あるいは百姓、民と表す。今でいえば一般人であり、公的責任を負う公務員と区別されるので、国民は臣ではない。古来、臣は天皇と心を一つにして民を守り国を守るために務める者という意味で使われた。そして民は護られる側である。百姓をおおみたからというのは、土を養い国の礎になるからであった。民はそれぞれの生を営むために、日々を正直に暮らし、勤勉にはたらき、定められた調庸（税）を納める。それが国への尽くし方であった。

しかし明治政府によって臣民となった国民は、徴兵や徴用で苦しい生活を余儀なくされた。そして我が国は天皇を親とする「一大家族国家」であり、「忠孝は我が国体の精華」であるとし、天皇の臣下として国のために命を賭するのが大和の精神であると美化された。こうして宿命としての大和魂は刷り込まれ、国家への奉仕として積極的に天皇に仕える空気を醸成していった。人々の素直な心を欺いた悪政であった。

皇国史観についてよくわかる書物は、明治二十三年に政府が刊行した「教育ニ関スル勅語」（教育勅語）がある。また、昭和十二年には、「国体の本義」が出版された。

昭和十二年、一九三七年は先の大戦を語るとき重要な意味を持つ年である。大日本帝国陸軍が中国大陸への侵攻を一気に拡大させ、盧溝橋事件、通州事件、上海事変、正定事件、南京事件が起きた。

それまで北支事変という名称だった戦況が支那事変（日中戦争）と変更され、一気に太平洋戦争へとなだれ込み拡大していく。この事実は先代旧事本紀大成経に記された皇道からは激しく逸脱し、天皇の大義はそこにみえない。

しかしながら、この戦争は聖戦とされ、天皇の名の元に挙國一致の戦争協力が強いられていった。侵攻か撤退かのせめぎ合いが続いた国会は、軍部に主導権を握られていった。運命の岐路であったこの年を、怨嗟と共に記憶する人は多い。

この時局を背景に、文部省は「国体の本義」(以下、本義と略す)を発行し、四年後の昭和十六年には六十三万部を刷っている。ここにある「臣民」の義務は、父たる天皇に忠孝を尽くせということであった。忠、孝はいずれも美徳ではあるが。

しかし、なぜ国民が天皇に孝行せねばならないのか。その根拠としても古事記、日本書紀の神話が用いられ、また万葉集から和歌が巧みに引用されている。

本義は、「忠は我が日本臣民の根本の道であり、我が国民道徳の基本」とした後に、

大伴の遠つ神祖のその名をば　大来目主と負い持ちて仕えし官
海行かば水漬くかばね　山行かば草むすかばね　大君の辺にこそ死なめ
顧みはせじと言い立て

この大伴家持の長歌を引用し、古より我が国民胸奥の琴線に触れ今に伝誦せられているとしている。しかし抜粋された歌には前後があり、詞書は「陸奥國《ミチノクノクニ》より金《クガネ》を出《イダ》せる詔書《ミコトノリ》を賀《コトホ》ぐ歌」である。

天平一七年（七四五）に聖武天皇が始めた東大寺盧舎那仏鋳造は、国家的大事業であったが困難をきわめていた。家持は、天皇は善き事をなさるというのに、鋳造に必要な大量の金がわが国には少ない、大君の憂いつつあるとのお言葉があった、けれど陸奥国の小田山に金があると奏上されてきたので、これはさぞかしお喜びだろう、天地の神、皇御祖（すめろぎ）のご加護があって貴いことが起きたのだ、嬉しいことよ。大伴佐伯の一族も恩賞を賜った、その栄誉を氏の上として喜び申し上げる、という趣旨でこの歌を奉ったものだ。

本義は、天皇のためならば命を惜しまない臣民、兵士という解釈をし、またそれを強調した。それは日清日露とたて続けにした戦争を正当化したいがためのご都合主義的な詠みかたではないだろうか。家持の歌は古道に則って、もっと壮大かつ繊細なものである。

大伴連の祖は、神武天皇の御代に武功を立て大来目を率いた道臣命。先代旧事本紀大成経には将軍職の祖と記されている。しかし、大伴家が武門として栄えたのは昔のことだ。家持は先祖の名を懐かしみ、今は遠い昔になったかつての誉れを歌うことで一族を励ましているのである。また将軍の祖の家柄ということは職業軍人である。徴兵されて一国民が出兵するのとは立場が異なり、当然のことながら心境も違ってくる。家持は実に幅広い歌を詠んだ当時も高名な歌人であるから、その才能をもって天皇へ寿歌を捧げ、大仏鋳造の成功を祈念した文民であった。

他に、日本武尊の熊襲・蝦夷の平定、神功皇后の新羅出兵、桓武天皇が坂上ノ田村麻呂を奥羽鎮圧に派遣した旧事が列記されている。歴史上の武功に日清・日露戦争と韓国併合及び満州国建国とを重ねて同一視し、「皆これ、上は乾霊授国の御徳に応へ、下は国土の安寧と愛民の大業をすゝめ、四海に御稜威を輝かし給はんとの大御心の現れに外ならぬ」「大御心を推察すべき」として明治天皇の下での戦争は、歴史に劣らぬ意義があったのだとしている。

さらに、推古天皇の時代に聖徳太子が制定したいわゆる十七条の憲法と、明治二十三年の教育勅語の発布を同じように並べ、聖徳の宏大無辺なると評価した。いずれも牽強付会の羅列であり、先人に対して慎みなく、敬いも礼もそこにはみえない。これらは古道の意味を知らないがゆえにできることとしか考えられない。

原典の聖徳五憲法は、官人と儒者、僧侶、神職者への戒めが説かれたもので、「善を勧め悪を見ては匡せよ」とある。特に、天の公道として通蒙憲法第十五条（水の時道）には「民を使う時を以いるに、古の良き典に之れ。（略）春より秋に至って農桑の節には、民は使うべからず。其、農いせざれば何を以てか食わむ。桑ざれば何を以てか服とせむ」とあり、民をむやみに徴用してはならない、するときは農作業の閑な時をえらんでせよ、民を飢えさせてはならないと官吏を戒め、民へ配慮すべしと定めてある。一方、教育勅語は臣民に対して国家への奉公は徳であるとして強いているものだ。はたしてどこが同じだろうか。

徴兵制によって度重なる軍役につかざるを得ない国民の苦しみ、男手を失うゆえの貧しさなど一顧だにせず、臣民の忠孝を声高にいうばかりであった。

その必要性は何であったか。

明治維新とは、薩長藩士を中心にした混乱と動乱を伴う政治的変革であった。その戦に負けた徳川家は大政奉還という形で政権を手放した。長く続いた武家政治の終焉であった。

幕府側と折衝してきた孝明天皇は、道半ばにして突然薨去された。若き明治天皇の即位の後、「王政復古の大号令案」を奏上した岩倉具視、薩摩、土佐藩士は新政府樹立の念願が叶ったが、急変した国家の体裁を迅速に建てねばならない。錦の御旗を掲げて倒幕に成功した薩長軍は、新しい政府の求心力を強めるため迅速に政策を打ち出していく。

明治政府は始め、大教宣布詔（大教は国教である神道を指す）を発布し、天皇は現人神として最高権力であることと神道を国教とすることを広く知らしめ、さらに五箇条の御誓文が布告された。慌ただしく武家政治から脱却し、新しく国体を定め、公布したのである。

ただ、この五箇条の御誓文の内容は、以後に続いた政策を見れば看板倒れの観が否めない。政府は短期間に中央集権による租税確保と、対外的には国威発揚し富国強兵策を進めようとした。そのため、「広ク会議ヲ興シ、万機公論ニ決スベシ」とはせず、また「官武一途庶民ニ至ル迄各其志ヲ遂ケ人心ヲシテ倦マサラシメン事ヲ要ス」と御誓文にはあるが、実際には庶民と人心からは遠く、配慮を欠いた強引な施策が行われた。

太政官を中心に置く三権分立体制、版籍奉還、廃藩置県、身分制度改め（皇族、華族、士族、平民となり、後に士族を廃止）、廃刀令。次々に施策を断行し、社会の中心にあった士族の存在意義を完璧に消滅させていった。徳川幕府の価値観を壊し、代わって国内的には警察制度を、対外的には徴兵令による軍隊を創設した。こうして国家権力を確固たるものにしていった。

これらを後押しするために、政府は絶対権威である天皇と表裏一体の神道を、国民へ浸透させなければならない。国家神道体制は教育勅語によって全国津々浦々まで伝えられた。

遡ること千数百年前から仏教は徐々にわが国に浸透し、奈良時代以降は天皇の帰依を得て隆盛し、中世から神仏習合によって根づき、日本人の生活の一部となっていた。しかし、明治政府は大教宣布、神仏分離令と続けて、国家神道での統一を押し進めた。

それによって廃仏毀釈という破壊活動が全国で行われ、仏教寺院と僧侶は迫害された。多くの仏像が破壊、奪略されて売られ、経典が焼かれた。名だたる寺院の広々とした境内は没収され、仏閣は神社へと名を変えていった。そのため還俗を余儀なくされた僧もいた。人々は時流に随わねば生きることができなかった。

宗教は精神生活のよりどころである。政策によって改宗させるとは野蛮このうえないことだ。世界じゅうで帝国主義国家が他国を支配するときに行ったやり方であり、現在も同じことをファシストやテロリストが行っている。わが国では同胞によって行われた。

しかし、これらの神道の国教化政策は政府の思惑通りに功を奏したわけではなかった。薩長の藩閥政治に反発する元士族の不満は自由民権運動へと発展した。また脱亜入欧政策によってキリスト教的自由主義も広がっていた。その対策は急を要し、新たな思想統制の施策が求められていた。一方、神道界内部においては国家神道としての祭神をいずれの神にするかをめぐり論争が起きた。新政府が用いた復古神道は、従前の神職者や国学者を束ねるには理論的に脆弱であったからである。

国学者平田篤胤の想像によって描かれた復古神道は、記紀神話を独自に解釈したものので現世利益に重きを置いておりわかりやすいものであった。平田は自説の普及のために行脚し、それは神道教義というには独自すぎたが、先行き不安の幕末期の下級武士や庶民は受け入れやすく、国学が流行になるきっかけとなった。

幕末の混乱期に京都に集まった尊皇攘夷派の志士たちは新時代の到来を熱望し、復古の名はその要望に都合よくはまったといえる。それはそのまま明治維新への原動力となっていった。そして新政府の樹立とともに神道は国教となり大教とされた。

やがて復古神道は下火になったが、国家神道の基盤を作ったのは平田の著作である。その平田学の神の解釈を根拠にした出雲派と伊勢派、その他地方の官幣社も含めた神官の派閥間に争いが起きた。それぞれが奉じる神を押しだそうとするのである。神道普及を推進する神道事務局の力でこれを収めることは難しく、政府が介入するまでに至る。「神道は宗教にあらず国家の祭祀である」とする国家神道体制は、想像以上に確立しがたかった。

武家政権の長い歳月には顧みることのなかった神を、にわかに神輿に担ごうとするのである。我先にという人の強欲は、それに勝る国権という強圧でしか収めることができなかったということだろう。もはや宗教とは無縁の混乱であった。

改めて記すが、天孫降臨の神話に基づく「天皇は現人神である」という宣言は神道の正しい解釈ではない。先代旧事本紀大成経だけではなく、本居宣長の「古事記伝」においても神と人は区別されている。国学者として大成した宣長は著名であり、その没後も鈴屋の門人となる者は多かった。平田篤胤もまたその一人であったが、平田は宣長が決して触れず侵さなかった禁を破った。宣長が頑なに守ったのは、解釈に私見を入れないという実証主義である。

しかし、平田は創世記神話を自由な発想で解釈し、新説「古史成文」「霊能真柱」を著し、復古神道として世に問うた。その影響は、幕末から明治初期にかけて受け継がれ、またその後の御用学者はこぞってそれを追随し、「現人神」を生み出したのであった。

神道はただでさえ原典が不足しているところへ、時代の転換期、すなわち混乱の只中にあって新しい時代への興奮と、アイデンティティーの確立という必然性に迫られた人々によって復古神道、そして国家神道が創出されていったといえる。しかしそれは古代からの神道教義とは無縁である。

本義が「教育勅語」の正当性をいわんがために引用した推古天皇だが、推古の意味は「古きを推しはかる」であり、先つ御代から伝えられてきたことを慮ることである。推古天皇は日本の神道を明らかにし、朝廷が来た古の道を未来へつなげていくために先代旧事本紀大成経の編纂を命じた賢君であった。その業績を尊んだ聖徳太子が予め諡号*したとされている。

一方、復古神道とは国学を志した平田篤胤が独創的な思索をまとめたに過ぎない。それは大和の伝統とはほど遠いことはいうまでもない。一個人の立身出世のために国の歴史を歪めることを恐れない軽率さは、そもそも無知には畏れもないとはいえ、罪である。私心から始まったものが美しく実り、成就することはない。神を偽ることは神教に堅く戒められていることだ。

そうして神となった天皇を国民は直接見ることはできず、畏れ多くもご真影を仰げるだけでも有難いと額ずいた。そういう素直かつ素朴な民族性を、今の人が愚かだと言うことには頷きがたい気がする。むしろその純朴さを操り、絶対不可侵として壁となって立ちはだかった為政者たちの心に天皇を敬う気持ちがどれほどあったのか、また多くの痛みや犠牲をともなった急激な体制転換の方法について、天皇自らが望まれたことがどれほどあったか。このようなことについて、疑わざるをえない。

「万世一系の皇統」をキャッチフレーズに明治憲法、国家神道が推し進められると、古社に伝わってきた由緒は書き替えられ、祭神は取り替えられた。神社は統廃合され新たな格付けが付された。これで一件落着した神社は富国強兵に荷担していった。また仏教宗派の上層部がこれに乗り遅れまいとして政府に従った。逆らった一神官や一僧侶は弾圧され犠牲となった。これらの事実と記憶は日本人を宗教から遠ざける大きな要因となったといえるだろう。

神教経は五九四年に著され、一四二五年の時が流れた。長き空白の時は、残念ながら破戒と喪失の歳月であった。ある意味で聖徳太子が記されたことの証としての不在の時でもあるのだが。

戦前を含め、天皇は国家においてどのような位置にあるかということが議論され、天皇機関説にいうような「機関」や、あるいは「機能」という位置づけと形式が問題とされてきた。しかしその議論以前に、はたして天皇とは何であるかということを知る必要があるだろう。江戸時代に幕府と伊勢神官によって偽書として葬られた先代旧事本紀大成経の記録を措いてそれを知ることは難しいといえる。この古伝によって、平安朝文学や明治から昭和へまたがる軍服を着けた天皇というイメージは覆るだろうし、また国民の怠惰もおのずと知らされることになるだろう。

いずれにしろ従前の天皇制の議論では、どちらに傾いてもイデオロギー対立の次元に留まることになる。それだけではまた復古思想を扶けることにもなるやもしれない。偏ることなく本質を踏まえるために、古伝をひもとくことは意義あることではないかと考えている。それはまた象徴天皇と古代天皇の近さとは何かを理解することにもなる。そして天皇の声を聞く国民もまた、ひとりひとりが心を問われる。

古来、天皇に大仁が求められたように、民には民の仁がみな等しくあることを思い出させてくれるのではないかと考える。民主主義の行き詰まりを打開するには、その自覚が必要ではないだろうか。蛇足になるが、覚る人によって次の時代が新たに築かれる可能性を信じたいと思う。

＊　宗教法人法の手続きを経て上部組織である神社本庁から独立し、単立の宗教法人となった神社もある。

＊　「国民は皇祖皇宗の肇国樹徳の聖業とその履践すべき大道とを覚り、ここに進むべき確たる方向を見出した。然るに欧米文化輸入のいきほひの依然として盛んなために、この国体に基づく大道の明示せられたにも拘わらず、未だ消化せられない西洋思想は、その後も依然として流行を極めた。即ち西洋個人本位の思想は、更に新しい旗幟の下に実証主義及び自然主義として入り来り、それと前後して理想主義的思想・

学説も迎えられ、又続いて民主主義・社会主義・無政府主義・共産主義等の侵入となり、（略）」とあり、急を要する状況があったことがわかる。（傍点は筆者）

＊　天皇の謚号は、先代旧事本紀大成経第四十四巻経教本紀に謚表がある。また通説である淡海三船の勅撰ということに確たる根拠はない。

神教経

神《かみのおしえののりごとの》教経序《ついでぶみ》

天皇　詔して曰く。

聖皇《ひじりのみこ》神教経を製《つく》り、肇《はじめ》て吾が神道《かみのみち》の学びに設《そな》えたまえり。

朕故《もと》其の理《ことわり》を未だ聞くこと非ずして、未だ曽《かつ》ての其の意《おもむき》を得ざるに、今まで、敬《つつし》みて経《のりごと》の宗《たっと》しと為《される》所の其の趣を窺うに、乃ち是れ妙巧《すぐれ》るなり。

【解説】

「皇子（謚号は聖徳太子）が神教経を書き著し、初めてわが国の神の道を学ぶことができるようにしてくれた。わたしは神の道の道理を深く聞いたことがなかったので、その根本にある意味を会得できずにきたが、これによってその尊さをよく知ることができた。神の道は、はかりしれなく不思議にして高貴なるものである」と推古天皇が詔された。

この詔を序に置いて、経典の意義を説明したものである。また、先代旧事本紀大成経第三十四巻 帝皇本紀、及び鶊鶉伝第三十一巻 帝皇本紀には次のようにある。

「むかし、わが皇祖磐余彦尊（神武天皇）が皇極を立てられ、世の中をよくしたまうために、天《たかあまはら》に蹲《うずくま》り、地に蹐《ぬきあし》して、己を慎み、他を思いやり遠慮し、広く民を慈しみ、遠く離れたところの民をも安らかであるようにと神祇を祀り、自然の恵みに感謝し、山河を祀り、そして吾が身は天地の理と一つに和して、このことを行えるように祈られた、と伝え聞いてきた。今わたしの時代になって、どうしてこの祭礼を忽せにして怠ることができようか。これから先はなおいっそう勤め、欠かすことがあってはならない。」

推古天皇は先帝から承け継がれてきた道が神教経と宗徳経によってようやく明かになり、大本の霊宗を理解し、神の道の詳細を体得することができたことを述べられ、皆がこの道を学び実践するように臣、官たちに告げられた。恵みと実りに感謝し、はたらく民を慈しみ、皆が安らかに平穏であれるようにと神祀りをしていくことは国を永らえるためであるとし、これよりいっそう怠らず勤めよということである。

首《はじめ》に一心《いっしん》を安《お》く。次に五心《ごしん》を安く。

其の一心とは五心の未だ分かれざる極《きわみ》にて、是れ人と神との心の源なり。其の五心は一心の理を分かち界《さかい》にして是れ、人と神の性地《うまれでどころ》なり。是れ即ち霊宗《かんつむね》の體《たい》なり。化《おも》けて流れて、宗源《かんつもと》 齊元《かんついみ》を成す故に、焉《これ》を厥《そ》の元に置く。

【解説】

まず始めに一心、次に五心がある。一心は五心に分かれる前を指し、人と神との心の源である。それは五つに分かれ、それぞれの中に一心のはたらきが収まっていく。ここから神と人が生まれ降り流れていく。この始めにあるおおもとを霊宗の體という。この目に見えないすぐれたはたらきは、理は変わることなくその形を変えつつ、宗源、齊元のもととなっていく。

よってすべての始めに一心をおく。

・首　筆頭の意味、首尾の内にある肝要を含む。

・一心、五心　これは人が最も知りたい問いの一つ「神とは何か」に答えた言葉である。

・一心　古語でヒゴコロ。そして天には日（ヒ）、地には火（ヒ）、人には霊（ヒ）。天地人それぞれの表象だが、三つのヒのおおもとは一心、神の意（心）と人の心の源をいう。

・五心　天の意《こころ》。春心の仁《おもいやり》、夏心の智《さとり》、秋心の義《しめくくり》、冬心の礼《いやまい》、土用心の信《まこと》を指す。五心は天の心の性質、はたらきを表す。

・霊宗《れいそう》　カンツムネは古語で霊、みたまのもと、みたまのでどころを漢訳したもの。

・宗源《そうげん》　カンツモトは神と人と物を維《つな》ぐ道をいい、宗徳とも宛て、神徳の源をいう。また天と物とを梁《つなぐ》生命の道の源をいい、そのはたらきを天物梁命《あまつこやねのみこと》という神名で表す。物とは天の理に呼応する法をいい、はたらきによって顕れるモノすべてをいう。

・齊元《さいげん》　カンツイミは古語で日を紹《つ》ぐ、日祚《たかみくら》の道を行う意味を指す。太陽神と元が齊しい道ということ。飲食など俗世の行為を慎み天道の元に合わせる行為、意味を指す。

宗源道を伝える神の名は天物梁命。中臣家は先祖代々、天物梁命を奉じてきた家柄であり神職を担ってきた。祖神を人の先祖と解釈してはいけない。

天と物（地）をつなぐとは、神の心があらゆるものを育み成す源であることをいい、したがって天物梁命は、神の心と人の心が元は一つであることを伝えるはたらきをさす。

宗源は心を表し、それを具現化することを齋元という。この二つを形にしたのが祭祀である。祭祀は、神の恵みに対して敬いをもち、感謝を表すと同時に、神と心を一つにする行為である。

また、春夏秋冬のめぐりは天の心の顕れであり、四季の最後をしめくくる信を大切にし、感謝をもって祭祀を行ってきた。今では、人の都合で決めた行事を祭りとして行うやり方が増え、祭祀の意味からは遠いものが多い。天の旋りに合わせるのが神の道にかなう祭りである。

神に願いを叶えて欲しくて参るという神社詣のあり方は、本来の祭祀の意味から逸れていて、まず日々の感謝が先でなければならない。聖徳太子は、災厄の度に不安にかられ慌てて神に祈祷したほうがいいのではないかという官たちを止め、祈祷をせず慎んで過ごすことを勧められた。むやみに祈祷することを戒めて、神への祈りのありかたを説かれた（帝皇本紀）。

道を学ぶ者は、必ず心の源を観《みま》も》り、性《うまれつき》の地《でどころ》を察《あきらか》にして三部に入るべき所以なり。

次に宗源を安く。宗源は是れ万国の総道にして、天地の母、人と物との祖なり。之を明らかにせざるべからず。

次に、齊元を安く。齊元は是れ吾國の別道にして、異国の倶《とも》にせざるの正《まさごと》の道なり。未だ之を会せざる者はおそらくは厥の忠孝の實を尽くすこと罔《なか》らむ。

是を以て故《ことさら》に是れ習う可きの道なり。

次に、霊宗を安く。霊宗は國の道にして通ぜざるということ無く、宗源に通じ齊元に通じ、そして心性に帰る。之を会せざるときは諸《これ》、道は闇に入らむ耳。

【解説】

神の道の学びは、始めに一心があり次に五心があることを理解しなければならない。そこから始まることを踏まえて三部を理解することができる。道を学ぶとは、神道三部と五鎮道を学ぶことをさす。

三部とは、霊宗、宗源、齊元の三才（三つのはたらき）を指す。学要伝（第四十一巻）に、学の要は我を天に格す道と誨えている。また神の道は邪、曲《ひがみ》を祓い、日嗣道《ひつぎのみち》にあり、天を大経とし日月を書籍としそれに学ぶともいう。

古今東西の宗教思想において「道の始めに神がある」ことは共通している。

・マナブ　眞錬習（まねりならう）を意味する言葉。天にまねて己を貞《ただ》し、神にまねて己を格すとの転語とされる。天（一心五心）は人の心の源であるので、眞錬習うことによって天に通じ、神と一如することができるようになるという意味。

・宗源を安く　初めに宗源を挙げるのは、神と人とモノ、あらゆるものの始まりと起源、命のつながりを表し、五鎮道の理にそって万物と人が生まれ、いかに生きるのかということを「神の心」を中心に伝えた道が宗源道だからである。よって始めに置かれる。

・齊元を安く　この齊元道は、わが国古来の日祚の道とその祭祀を伝えたものである。

・これを正道と…　宗源が地に降りて、具現化される道が齊元であることをさす。この道は一見、道徳や倫理と似ているように受け止められるが、宗源には霊宗が含まれているので言葉には表わせない神妙な、奥まったところの理によって成される。

・日祚の位の意味を伝統と権威という解釈に留まり、単に王権の世襲という意味でとらえがちであるが、日祚の道は正道ともいい、神の本質を伝え行うことを指す。またその権威は大徳を基盤として立つものでなければならない。齊元には宗源と霊宗の二つを含んで道となしている。よって私心でその位を左右することはできない。

・霊宗を安く　心のでどころは、天の命である。あらゆるところに通じるのがこの心であり、万物はこの一心と五心のはたらきから生まれた。心の元は霊である。その霊の元は顕現して明らかとなるもので、神秘、不測の妙であり不思議であるが、これが理解できなければ五鎮道と三部の道を知ることは困難である。

次に一宝を安き、三器を安く。

一宝は明徳にして、三器は三徳なり。齊元は即いて心道を演べ、身行に示す。

次に神璽を安く。

又、齊元に即いて五常の正従を演べて、君臣人倫の道を訓え玉え。

右の本末は天太玉命の記所《しるされるもの》を乃《ここ》に聖皇の解きたまえるところなり。

尾《おわり》に道数を安く。

数理について中道を明かにし二儀と三部との徳と倫と独と文と武と功を以て普く道科を竭《つく》さざるということ無し。

この本末は天思兼命《あめのおもいかねのみこと》の記される所にして聖皇の解かれるところなり。

所謂、一、二の章は直ちに心体の元徳を演べ、三、四章は準《なら》って心徳廣大にして總と別の妙なる功の所由《ゆえ》を演べ、第五章は還《また》、学者の当に心極に入るべきの妙路を演べ、六、七、八章は、神器に傍《よせ》て、天心の一徳と三徳と具《とも》のふ妙用を演べ、第九章は天数に即いて心極の中位を演べしなり。

此の経の説の象《おもむき》は、心を左右にして其の理の盡《ことごと》くを儲け、其の趣きの全篇を心に在《とど》めしなり。所以《ゆえん》は何ぞ、理は理を説くと雖も其の実は心に在り。

気は気を説くと雖も畢竟は心を謂う。あらゆる道を唱ふる者はまず、彼是と其の状《さま》の好む所に随って其の極を終《と》げ心に入るのみ。

【解説】

一章と二章は、直の心とそれぞれの心にある徳性について説く。

三章と四章は、總道と別道とに区別し、心の由来するところを説く。その広大にして深奥、深淵なる心徳と、その妙なる功用を述べる。

五章には神道学を学ぶ者は、すべからく偏見と執着を排除して臨み、如何にして没入できるかについてを示している。

六、七、八章は神器の理を説く。日神の一徳は、温徳、明徳、烈徳の三つとなり、それぞれの妙用について述べている。

第九章は、天数とは何かについて述べる。三部の学びに肝心な中庸につき数理を以てその概念を説いている。

聖皇は此の理を察《あきらか》に多くに章《くわけ》したまい、其の象《かたち》を彼是《かれこれ》して、全篇に心の體、功の応用を説き、首尾究竟し大道分明するに章句相積んで五千餘言、天地《あめつち》の世万《もろごと》を統べて、学問をここに成《しあげ》しことは、当に神妙の精要と言うべし。

卿《まちぎみ》等、信受して奉行せよ。

【解説】

ここまでは推古天皇が神教経の内容と意義を説かれた詔勅である。これは聖皇《ひじりのみこ》（皇太子）が、神意によってあきらかにしたこの象（経）を功績として褒賞しながら、始めから終わりまで一貫しての誨えである。大義とは何か、その大道を五千余のみことばに示されたものである。そして、大臣、宮廷の諸公は信して実践窮め行いし奉れよ、と結んである。

臣、大連秦河勝　詔を奉て敬みて詔の趣きを用《もっ》て章句となして、之を観察《みたてまつる》に宗旨《みむね》よく至れるなり。学人は此の章《たまずさ》に頼ってまず経の大意《あらましのこころ》を見て、学び解趣則《とくとき》は、焉《ここ》に至《およば》ざるということ無からむ。臣は苟《いやしくも》勅に依って尋ねて名題を解き、謹んで言《もう》さむ。

神は齊元の神にして常に在《ま》して鎮座《まもります》の天尊なり。更《また》、異解者流の気化現没の神に非ず。

教えとは三部、皇天の道の誨なり。又、学解者流の理に託けて説所《とかれ》しの教えには非ず。経とは四天常恒の眞法なり。又、智敏者流の造作述者の経にも非ず。之に依て実に心身を道《おさ》むるに任《たえ》む。豈《なん》ぞ唯、今、生《いきているとき》のみならむ。復、よく死《みまかる》の後《はじまで》も修まらむ。

唯《ひとり》、王者のみならむや。悉くの万兆も道の名目なり。この如き文句は右の旨に依り、方正解《ただしき》を得て、爾《ここ》に曰す。

【解説】

大連秦河勝は当時三十二才くらいであった。推古天皇の仰せにより、序に次のように書き加えた。

学ぶ者は序にある章にそって大意を知り読み解いていけば、その趣旨を理解することとなる。

本経に説かれる神、我が国の人々に認識される神は、異国の哲学的概念による神、或いは現れたり消えたりする神ではない。天祖、天尊として始めなく始まりて終わりなきものとしての命であり、人の寿命を以て歳とされ、人体の中に影を与えたまう、常に坐す五鎮神である。この神は虚存としてかつ存在するものである。

その教えは、宗源道、齊元道、霊宗道の三部のはたらきについてであり、天照大神のみことば、天道《あまつみち》の誨である。よって博学の学者によって工夫、案出されての著書ではない。また経とは、変わることなき天の法則に学ぶ教えであり、賢い学者が創造したものでもない。

ただ誠実に身につけ心に留めることによって道《おさめ》られる人生の軌範である。従ってこの学びは、生死の大事にそなえる道である。このことはただ王公貴族だけにとってての学びではなく、人類のことごとくが道として学ぶものである。

これらのことは、右の詔によって正しき解説を得た上で申し上げる。

第一　一心

吾が天皇心《あめのおおみこころ》は、聞く因《たなつもの》無く、作《な》す因《たなつもの》無し。是れ、天眞心《あまつまごころ》、神明心《かむあけごころ》と謂《もう》す。

尊く大《ひろ》くまして、卑しく小さきこころに非ざるゆえに、天皇心《あめのおおみこころ》と名《もう》す。沖莫《ちゅうばく》にして色声の境に非ざるの故に聞く因《たなつもの》無く、作す因《たなつもの》無し。

この心は是れ心の中の心にして、一箇常に在《まします》なり。卒爾の無に非ずして無なり。茫然《ぼうぜん》の空《くう》に非ずして空なり。

大量の洪《ひろ》きに非ずして洪く、高位の崇《たか》きに非ずして崇《けだか》く、千万の卑念《ひねん》之を侵さむとするも本は洪崇《こうすう》にして親しく窺うこと能わず。兆億の思いを雑《まじ》え、之を乱さむと欲《する》も本は空、無にして手を寄することを能《よく》せず。

巍々として清く、実にして感《うご》く故に、天眞心《あまつまごころ》と名すなり。
霊《くんび》にして光り、聖くして虚なる故に神明心《かむあけごころ》と名すなり。
未だ行わずしてまた、其の徳具わり、未だ施さずして其の功大いに成り、道は是を本と為す。理は是を根となし、天中の事は咸《みな》是に成り、天外の事も是に成らざるということ無し。兆庶《もろびと》は之を持て之を得《さとるもの》は鮮《すくな》し。

【解説】

一心は、ヒゴコロ、ムネ、サネ、ナカゴ、タマシイなどと訓むことができ、天祖の本質をいう。そこから顕れ成ったものを道心、また神明心という。天祖の次に生まれた天尊のはたらきによって成るのが人心である。よって神我一如であることをいうが、それを覚るものは少ないのだということ。中臣御食子（鎌足の父）の祖父常磐大連は、その心を六根と覚り、六根清浄《みなかのはらい》という祝詞を書いた。「目に諸々の不浄《けがれ》を見て、心に諸々の不浄を視ず、意《こころ》に諸々の不浄を思いて心に諸々の不浄を思わず」と唱え、人の心は身の中に在りと説いた。又、荀子は「心は形の君なり、これ神明の主なり」、或いは大学には「万慮を総苞する之を心と云う」とされている。さらに仏教では「心は纖（ほそし）なり、識る所、纖微にして貫かざるは無し」という。このように心について種々に説かれているが、その心の、その又中心である神心について「一心」の章にのべられている。

・吾　天照大神、皇天のこと。吾《あが》は天神《あめがみ》の略、天から割れた吾《あ》、我《が》の古語とされる。また、天から流れ降る心、天皇心をいう。

・作す因　何かを縁《てづる》にし因んで為ること、原因になるもの無くて在るのが天皇心である。

・尊く大くまして、卑しく小さきこころに非ざるゆえ　白河本には「至尊、至大にして、卑小の象に非ざる故に」と説く。尊いものは陽、卑しいものは陰、大は陽、小は陰を意味する。

・沖莫にして色声の境に非ず　これは「沖莫無朕にして色声の境に非ず」と釈く。沖莫はこれといって掴み得る対象になる有限のものではなく、虚存を意味する。

・聞因無し、作因無し　この聞くは音にして神の言葉であり、色声の境は、色は形を意味し、作るは所作を意味する。天皇心則ち神明心は、求めて得るものではなく、天然に在ってあるものという意味。

・大量の洪きに非ずして洪くして……神明心と名すなり　この行を白河本は「自然にして無妄、故に天真心と名い、霊明にして不昧、故に神明心と名う」と簡略している。又、次の行の、未だ行わずして～得鮮《さとるもの》し、までの句行も脱文。このような部分からも白河本は延宝七十二巻本から抄出したものであることが判る。

物の始めに倚《かたよ》らず、物の終わりに倚らず、物の尋常なり。廣く大きく貴きの事なり。

物の始めは微《かすか》にして足らざる事有り。物の終わりは大きくして過余《あまる》こと有り。皆、

能《よ》き位に非ず。この心は始め従《よ》り其の許《もと》に在りて、其の邊《ほとり》に落ちず。又、将に終わりに迄《およん》で其の許に在て其の邊に堕ちず。唯《ひと》り中は妙《こまやかでうつくしきもの》にして俗《よ》に離《はなれ》る。然るにこれ、隠逸《いんいつ》（世俗を離れ隠れ住むこと）の象《かたち》に非ず、只、是の世の常なり。用いるに應《かな》わざるということ無し。

此の位は元《はじめ》、其の心自らの位なり。この處《ところ》に至らずんばあるべからず。天還《それまた》其の象《かたち》を見るや、広きことは天地に均《ひと》しく、余るときは天外を竭《つく》し、大なるは天地の如し。余る則は大虚に遍《あまねく》くし、貴きこと日月の如く、余る則は祖尊《あまつみおやのみこと》と比《たぐい》し、正《かたよらざること》の政の如し。餘る則は、元極に入るが故に称《あが》めるに広大の貴《とうと》き事と為すなり。

是を是とする人は地宮《くにのみや》に住み、更に天宮《たかあまはら》に参るのみ。此の心、之を得ること難く、

得《さとる》人を以て人と為し、生則《よにあるとき》は朝臣と為り、内裏《だいり》に陪《はべ》り、死《まか》るときは天民《たかあまはらのひと》と為りて帝《うえつかみ》の処《みもと》に如《ゆ》かむ。其の空しからざることまた然り。（註・最後の三行は白河本も同文なり）

【解説】

この心は、左右、正負、上下、いずれにもどちらにもどこまでも偏らない。そして、広く大きい。始めは足らず、終わりには余るというのが物質の常だが心はそのようにはならず、元々から常に真ん中の位置にあり、極微にも極大にも同じようにはたらき、表れる。

それは細やかで美しく、また俗世に染まることもなく、世俗を嫌うこともない。ただ、真ん中に静かにゆるぎなく在り、天地の広がりと同じように広く、大きく、貴い。それが満ち溢れ無限に広がるときも元に極まるときも、同じ心のままである。

この天真心のように、広く明るく穏やかな心を持って生きるのは難しいが、そのような人は人々のために尽くし、世の中のためになり聖人と尊ばれ、また亡くなってからは天の神の元へ還る。この心を覚るのは難しいがそれを知ってこそ人であり、より良い生き方である。

この項は、天皇心とは〇の神明心でいかに偉大であることかを誨える。

天眞心、神明心は、この無妄無雑のまことの心、そして始めも終わりもなく、〇でプラスマイナスいずれにも応えられる心である。中庸には「誠は天の道なり。之を誠にするは人の道なり」としている。

生命は、肉体と精神と理に結ばれての現象である。その理、気、質のどちらかに偏ると、過不足の現象となって尋常、平常ではなくなる。世の中は、始終、本末、無始、無終、不生と不滅と、一見して相矛盾する世界であるが、一方に偏ってもそれを当然と思う者が多い。だが人は、神と獣、また植物と動物のその中間に生かされている存在でもある。感情に流されず、どちらにもかたよらない生き方を常とすべきといえる。

万物は微粒子から成り、その奥には測りがたい素粒子の極微の世界がある。また巨視的には仏説でいう三千世界、或いは大宇宙がある。そこに不足、不及、過剰があるが、この天皇心、天眞心、神明心は、その極微の中に存在し、其の極大の中にもある。決して、堕ちて辺《ふち》にあるものには無いというものでもない。妙にして酩《めい》の如く、無意識のままにその天皇心はあらゆるものに位し、みはたらきされていることをいう。

第二　五　心

吾は、春と為《し》ては恵み、夏と為て而光《またてら》し、秋と為ては忠《ただ》し、冬と為《な》りては節《しきり》し、用《まどき》としては信《まことする》なり。常にして中に在り。是の五は諸《これ》心一つなり。

皇天は、春、夏、秋、冬、用を以て吾と呼び、恵、光、忠、節、信を以て心と呼ぶなり。（註・心の字を補う）

皇天の身心流降《つたえくだ》りて民人と成りませるなり。春の天はこれ仁、夏の天はこれ智、秋の天はこれ義、冬の天はこれ礼、用の天はこれ信なり。

天と人とは一霊《おなじみたま》にして、心と身は一命《おなじいのち》なり。五の心有るは性《うまれながら》徳の分象《わけみたま》なり。

應用《かないもちいる》は時に在りて又、時に有り。維《つなが》り融《とろ》けるも維《これ》、各一として異なるなり。

その用《はたらき》は常にして其の位は中なり。更に他に在ること無し、別《わけて》正しくして之

を審《つまびらか》にせずんばあるべからず。精しく得て物を為さずんばあるべからず。

【解説】

一心から生まれるはたらきについて説かれている。吾とは一心、天皇心《あめのおおみこころ》をさす。一心は分かれて春夏秋冬用という五つのはたらきを生じる。そして五心となり、天と地と人に伝わり降ってそれぞれの現象として表れる。地には春、夏、秋、冬、土用といった季節として表れ、人の心には仁、智、義、礼、信の五つとなって現れる。

四季は順々のめぐりがつながって成り立ち、また新たな巡りとなる。人の心も同じである。春心に仁《めぐみ》（おもいやり）、夏心は智《さとり》（そだつ）、草木を成長させ枝葉を茂らし、人にとっていえば知識を身につけ経験を積んで成長することをさす。秋心は物事を義《しめくくり》で、万物が正直に稔り、その持ち味がはっきりと結実していき、成就した結果を前にあれこれの私心は抑え、克制の心を以て締めくくりをする時である。冬心は礼で、寒さは草木の葉を落とし、落ち葉は根に帰る。ここに至り人は恭敬辞譲の礼をとることとなる。最後に天の季（土用）は人の信で、仁智義礼に徹ることで良き人生となる。

一心は五心となり、そして人の心のはたらきとなる。それは永遠の時に通じ、また通うことができるものである。元々は偏りなく、正しさを見極めることができるものである。

・　天皇心　天皇（アマツスメロギ）とは全ての起源である天祖をさす。（神代本紀を参照）

※　白河三十巻本は、〈吾は春と為て仁、夏と為りて智、秋と為りて義、冬となりて礼、季と為りて信、常にして中なり。此の五は一心なり。皇天は春夏秋冬季を以て吾と為し、仁智義礼信を以て心と為し、皇天の身心流降り人民となる　春は天の仁、夏は天の智なり。秋は天の義なり。冬は天の礼なり。季は天の信なり。これ不偏、不易の道なり。天人は一霊にして、心身一命なり。此の五は心の有る命にして性徳の象なり〉と漢訳され、「其の用は精しく得て物を為さずんばあるべからず」は欠文している。

左を狼《みだ》り、右を狼して合わざる者は、天處《たかあまはら》に在るべからず。地處《くに》に在るべからず。應《ふさわし》きの黄泉《よもつくに》に行くべし。

戻《そむ》いて大過に如《ゆ》き又、戻いて及ばざるに之《ゆ》く。是如きは、仁を仁として仁にせず。義を義として義にせず、焉《なん》ぞ天《たかあまはら》に至らむ乎。

天を狼して悪に往き、地を狼して邪に逝く。是如き者は未だかつて仁を仁とすること又、未だ義を義とするを会せざるなり。悪《なん》ぞ地に処《おれ》む乎。到る所に必ず黄泉在らむ。預《あらかじ》め知りて之を怖れずんばあるべからず。

【解説】

無慈悲であるという意味からミダスに狼という字を宛てる。心無き者は、道に外れている天にも地にも居場所はなく黄泉国に行くしかない、その黄泉とはいたるところにあるのだ。中つ道から外れていることそのものが、すでに黄泉（地獄）にいるのと同じことである。このことを知って怖れるべきであるという。

・黄泉の語は、黄ばみ澱んだ泉を飲ませられる世界、あるいは陽に当たらない夜道の世界という意味。

孔子はこのことについて、「道の行われざるや、我これを知れり。知者は是に過ぎ、不肖者は及ばざるなり」と説き、中庸でも道の乱れを戒めている。一心より五心へ降った、つまり神から人へ伝わった仁智義礼信の五常も、仁に過ぎればお節介、及ばざれば非人情、残虐、酷薄となり、あるいは愚昧となる。義に過ぎると剛孟、及ばないと柔弱となる。礼に過ぎれば慇懃の無礼となり、欠いてしまうと失礼となる。信が過ぎれば頑固、固すぎて融通がきかず滞ってしまう。誠実さに欠ける者は虚偽を為す。このように極端な行いは、人の道から外れるということである。

※　白河三十巻本では、「左を狼し、右を狼して不合者は、維逆命、維偏見、天宮に在るべからず。地宮に在るべからず。当に黄泉に遂放べし。過と不及と倶にその中を失い、風俗は逆命を為す。学習は偏見と為す。安ぞ天に登り地に居ることを得む哉。必ず黄泉に到らむのみ。以て懼ざるべからず」と漢訳されている。

第三　宗　源

宗源道は、尽くること無きの霊物《あやしもの》、窮まること無きの識物、極法の断物、動き満るの元物、現成《なりあらわ》すの形物、普《あま》ねくこれは内物にして一物のみ。

宗源は世に普く、物に普くし、元《はじめ》を成すの素《もと》なり。

神は天と天とを経めぐりて尽きること無く、其の性は霊《くんぴ》、其の化《うみなす》は妙なる故に尽きること無き霊物《あやしもの》という。（註・虚形霊躬）

心は万法のことを謀《はか》りて究まること無く、其の性は識《おぼえるもの》、其の業は貫《とお》るなる故に、無窮の識物《しるしもの》という。（註・空心聖性）

理は法を成し極を作す。其の性は断《たちきれるもの》、其の象《かたち》は実《まこと》なる故に法極の断物という。（註・冥生玄極）

気は遍《あまね》く虚に満ち、其の性は易《かわ》る其の素《もと》を造る故に、満ち動く元物《もとつもの》という。（註・気幽依兮）

境は界を成し態を現し、其の性は納《いれ》る、其の質は竅《あな》なる故に成り現すの形物という。（註・神境玄具）

この五鎮は神躳《かんからだ》と成り、人躳《ひとのみ》と成りまた、忠《ただしき》躳及び他の躳と成る。其の物の為に之を言うときは是れ内物《うちつもの》なり。五は一に合って一つ、一つの躳と成《しあが》るときは是れ一物《いちぶつ》なるなり。故に内物の一物という。

然《かくのごと》くも外物と成り世物と生《な》すなり。

五鎮はまた、天の躳《み》及び地の躳と成る。並びに形極《かたちのきわめ》、法極《みちのきわめ》を成す。顕霊としては密霊《ひそかなる》としての外物なり。有躳の外の万法は是れ世物なり。

一切は咸《みな》五鎮として之を成す故に外物と成り、世の物を生ずという。一切に向いて之を行わむとするときは、尽ること究極《きわま》ること無くして、気を竭《つく》し力を絶やし、身を終えるも之を遂《とぐ》ることは能わず。五鎮に向て克《よ》く之を行うときは維れ邇《ちか》く、維れ面《まのあたり》にして得て之を獲ること難《かた》からず。

【解説】

冒頭は、五鎮の説明である。五鎮とは一言でいえば神とは何かを説明したものである。すなわちすべてがここから始まる、もとのもと（宗源）である。神のはたらきは三つに分類され、それを三才、宗源・齊元・霊宗という（別章でそれぞれについて説かれている）。始元は、天祖 天譲日天先霧地譲月地先霧皇尊《アメノユズルヒアメノサギリツチノユズルツキクニノサギリノスメラミコト》という神名で表されている。はじめ立ちこめた霧のようなものとして顕れ、それが分かれてしだいに天となり地となっていくという意味を表した神名である。

・宗源道　宗源を伝える神名は天物梁命《アメノコヤネノミコト》といい、天《かみ》と物《ちじょうのもの》を梁《つな》ぐはたらきと字が宛てられている。すなわち人と神の関係、つながりや影響といった諸々の生命の道であり、これを宗源道という。道とは生き方、方法という意味である。

・五鎮　分かれいく前のモトを五鎮という。宗源とはこの五鎮が天と地と人を貫いてはたらいていることをさし、またそれを伝える道である。

・物　ここにいうモノは物であり存在するあらゆるものであり、そして人の心もモノである。この世の元《もと》の素《もと》が何からでき、どのような法則があるのか。天の理と人の智の法則を考えさせる。滅せざるもの、滅するもの、有形無形のもの。

・内物にして一物のみ　この世のはじめの未だ形のない世界にあるおおもとの心を言い表している。その性質を霊《あや》しきといい、そのはたらきはあらゆるものを通過し貫き行き渡る。それを無窮という。そのはたらきの法則が原則となり、真理となる。そしてその気は虚を満たし、そこから神が生まれるので元物という。

・然《かくのごと》くも外物となり世物と生すなり　神・心・理・気・境の五鎮から神が生

まれ、伝わり降って天地と生り、人の身となり心となるという意味。人の身体には五鎭それぞれが五臓として極まりはたらく。

あらゆる物は五鎭を含み、五鎭から生み成されて一つの物としてしあがっている。その過程において理はゆるぎなく等しくあり、神といえども理から外れることはない。

人は自分自身がどのような質から成っているかを知ることにより、人情や都合に流されることなく自ずとモトの位置に戻ることができ、あるいはモトに踏みとどまることができ、極めるべき方向を見定めて進むことができる。これを理に沿うという。しかし、人生の迷いの多くはこのモトと理を知らないことによる。

人は五鎭を宿して生まれ、内に秘められたそのはたらきについて肉体の成長とともに改めて学習しなおしていくことになる。なぜならば学ぶことなくして、人は魂を実感することはできない。現代社会において人は自らの命を実感するには努力を必要とする。

目の前にあるモノについて一つずつ、その要素について知っていくことが人生の学びであるが、誰かがすでに発見し、名づけられたモノについて自ら知ったり発見したりすることをおろそかにしがちである。よく観て、よく聴いて、自ら感じ取るという作業が、モトを思い出すことにつながっていく。

一切の万物、万法が五鎮三才から成るとする神の道では、まず神名が「はたらき」を表したものであることを知らなければならない。神道とは自然に学ぶことだというアニミズム的解釈、あるいは人格神のものがたりとして記紀神話を読み古代史を想像することと、先代旧事本紀大成経に記された神の道は一線を画している。

五鎮の法則を理といい、はたらきを法といい、そのやり方を宗源道は伝えている。

十八世紀後半、科学は元素の発見によって急速に発展していくようになった。物質が極微のレベルで解明されると、それまで目で見ることができなかった一つ一つの微粒子が組み合わさり構成されていることが判った。微粒子にはそれぞれに性質があり、それは絶え間なく運動を続けている。そこには整然とした法則がある。

科学の進歩はそれまでの思想、宗教の概念を揺るがし、生命の不思議、存在の意味の扉を大きく開いたといえる。だが、その後しばらくは物質現象にとらわれ、そこから導いた法則と経験を過信していき、そして神を忘れていった。

いや忘れたわけではないだろうが、神から遠のき、ひたすらに物ばかりを見つづけた。一方、心のどこかでは偉大な万能の存在（神それとも悪魔）を信じることをやめなかった。やめられなかった。

十九世紀の中頃までの古典的な自然観とニュートン物理学を頼みにしながら、やがて微視的研究が進み、電磁学、気学、光学の分野に分かれる。すると、それまで万能だとしていた法則に当てはまらない世界が見えてきた。

巨視的な認識は、量子学の前には通用しない。プラスとマイナスの間に置かれたゼロは何も無い虚ではなく、無という存在である。無は在るのだということが証明された。無ははじまりの世界、それが神以前の天祖の位置を示している。（神代本紀、先天本紀、また神教経に書かれている神の仕組み）

「外物を成して、世物を生ずる」ということは、外物も世物も本質において同じ五鎮であるということである。宇宙は、その質の量、形、動きの如何を問わず、根本は神心理気境という五鎮の法則と等しく、それ以外に顕れた物の法則は、みせかけの変易あるいは生成の現象に他ならない。

これについて仏教では法華経に「甚深微妙の法は視ることも難しく、悟ることも難しい、ありとあらゆる有徳の仏子が一心に無量劫において、この仏智のことを窺おうとしても、其の小分をも知ること難し」と教え、また孟子は「万物は皆我に具わる」、孔子は「我が道は一を以て之を貫く」と述べている。比べてわが国の神の道は、五鎮によって人身はなり、すなわち人の躬も神の命であると教えている。

今日の宇宙物理学では、素粒子はヒッグス粒子の発見にまで至った。五鎮のはたきは、素粒子の性質によく似ている。科学の方が神道学より先んじて五鎮の解明に迫っているようだ。先代旧事本紀大成経は長い間、秘されてきたのでしかたのないことではあるが、それが神道理論だと気づき合点する人は少ない。けれども、難解な経教本紀が科学の知見に合わせると読み解きやすいのは確かである。記号が神名か、数字やアルファベットかということの違いである。

・天の躬及び地の躬と成る　五鎮は自己の心臓、膵臓、肺臓、脾臓、腎臓の形の極を成し、また人の仁、智、義、礼、信の法の極をなす。顕霊は陰霊ともいい、非情の無機物を指す。

・霊物　霊《あや》しきのアヤは文、綾に通じる。シは息、風《シ》に通じる。神の性質は霊しき。虚存の神霊、精気と称する。神に陽と陰とあるが、陽霊の魂、陰霊の魄にも当たり、この天地に虚存する一切のもの、有りて無く無くて在るというその妙なる性のものを指し、過去、現在、未来にわたり尽きることがない。神霊、玄霊の総てを指す。

・識物　心の説明。見分けする、識物する、記憶する者、一切のこの世の有情のものを指しその窮まることの無いものの識《おぼえるもの》である。霊は神を代表し、識は人を代表する。

・法極の断物　理の説明。三十巻本はここを「極至の法」としている。理を指していることは同じであっても前後の文法からいえば七十巻本のが至当である。断物は個々のものをいい、分割できるものと断つことのできないものがある。この一切のものは集合し、離散し、或いは結合し、分裂し、それを繰り返すのが物理の法則である。固体、液体、気体すべて粒子的なものから成る限り例外はない。

※白河三十巻本は、〈宗徳の道は、無尽の霊、無窮の識、極至の法、満動の元、現成の形、皆是れ内の一物のみ。宗徳は万世人物之根源なり。神は古今を経て常に活し、其の体は則ち眞、其の用きは則ち妙なり。心は身体に在り而主宰す。其の体は則ち

覚、其の用きは則ち照るなり。理は万事に具わり万物に在り。而、周偏す。其の体は則ち易る。其の用きは運なり。境は諸支に分る。而、業為り。其の体は則ち竅、其の用きは則ち納れるなり〉と説き、「這の五鎮は〜以下、一物という」までを欠文している。

中に一物有り、霊無くして虚物、色を絶ち音を絶ち、絶つを絶つ似《もろもろ》と有り。
神は元霊《もとつみたま》の霊《あやしき》を表《あらわすもの》なり。
心は是、霊《みたま》の霊《あやしき》に底者《いたれるもの》なり。
気は乃ち霊《あやしき》の御《のりもの》なり。
境《みのえ》はまた、霊《あやしき》の門《でいりするところ》なり。ただ理のみ有りて鎮《まもり》を為す。
霊と離れて虚、虚を別つと眞なり。眞も復、権《かり》の名なり。箇にして特物《ひとりたる》なり。
是れ色を絶ち、形を無《なみ》し、吾を絶ち言《こえ》を無し、唯、絶々なるは是にして、還りて

尋常《ふだん》の中に在り、以て有るに似て云い難きものと為す。是れ即ち道の基《もと》なり。神も之と離るゝ則は道を失い、之と離るゝ則は道に非ず。況んや気をや、況んや境をや、乃ち這の一物を取りて覚了《さとら》ずんばあるべからず。還《かえっ》て衆霊《もろもろのみたま》を領《つかさどり》て一切を建立するなり。理の一物には意無く、造《つくること》も無く、而《また》、造ること無きを以て、神、心、気、境の霊者《あやしき》を領《しろしめ》して天を立て、地を立て、神を立て心を立てゝ、法を立て物を立つるなり。

夫《そ》れ意無き故に議らず、造無き故に作らず、彼は作らざると雖も是れみな作らるゝ故に之を建つるに似て之を道《い》い難し。

【解説】

この項は理の一物について説く。

般若心経に「色も無く受想行識も無く、目耳鼻舌身意もなく、色声香味觸法もなく、眼界も無く、乃至意識界もなく、無明もなく、亦、無明の尽きることも無く、乃至老死もなく、亦、老死は尽きることもなく、云々」とある。この世界を成しているその在る物というのは巨か微かを問わず、その空も一微粒子の結合の虚存でしかない。しかもその一粒子には、霊も心も気も何も無い。何のうごきも無い、その中に在るのが「理」である。

・理は、縁《てづる》し、生かし、極まらせ、易《かわ》るという法則をいう。また理は五鎮の他の四つ、「神・心・気・境」を活かすものである。

・中に一物有り　理は無為の虚存であり、色も音も霊も何も無く、心のはたらきに、気のはたらきに、境のはたらきに、神のはたらきに有り、関わる。それを一物という。

・神　魂《あおみたま》、秘《あけみたま》、魄《しろみたま》、精《くろみたま》、霊《きのみたま》に分かれてはたらき、それぞれがその霊のはたらきに具わり、外に顕れないすべてのみたまとして生命をつかさどっている。

・心　その霊《みたま》の徳として表されるもの。この世の一切衆生にあり、霊とのつながりであることを、霊に底《いたる》という。

・気　霊を将いる輿《のりもの》で理によって極微にはたらいていく。

・境　霊に応じてはたらかされる。何ごとも霊のいう通り出入りするので霊門という。

以上のすべてのはたらきは理によってなされる。一切は理にそって、神、心、気、境の徳はあらわれる。仁智義礼信も理あってのもの、その道も理なくしては徳を発揮しがたいということである。

※　白河本は〈中に一物有り、空虚にして霊無し。色を絶ち、絶つも之又絶え、象有る若し。神は霊の表なり。心は霊の裏なり。気は霊の輿なり。境は霊の門なり。唯独り理有り。虚にして霊ならず。絶て待ち絶えて妙、有るに非ず無に非ず、而て四者の中に在り。此れ即ち神に非ず、心に理を離せば心に非ず。気境も亦是の如し。大哉理乎。覚了せざる不可なり〉とある。内容は同一であるが〈道の基を道徳の根源〉と表現するところを見ると、国家神道の意向が含まれており、普遍である神の道か

ら遊離していることに注目せざるをえず、先代旧事本紀大成経七十巻本の方が正しいとみるべきだろう。

また〈還って衆霊を領て一切を建立するなり。此の理たるや、沖漠無朕　而て能く、神心気境の主と為る。至れる哉〉ともあり、比較すると本文は同文であるが解説に相違が目立つ。この箇所からも十巻本、三十巻本が七十巻本から抄出したものであることが判る。

其の一物の名は　眞縁《まよざし》、冥生、幽易、玄極、妙定の品を分かつも五にして只一つなり。

世万《よのすべて》は、縁に従り生きざると云うこと無し。極は思い議られず。之を名づくるに眞と為す。又、彼は生まれざると云うこと無くして有り。生の極は見人としても及ばず、之を名づくるに冥と為す。世物は有りて而変わらずと云うこと無し。

変極は究めて微《かすか》の状なり。之を名づけて幽と為す。彼は也《また》格《ただしき》極《きわめ》に至らざるということ無し。格《ただす》、極《きわまる》は深中に在り。之を名づけて玄と為す。

万庶は總て常足に非ざると云うこと無し。定の極は知、絶えて滅す。之を名づけて妙と為す。

此の五の位は四天の元地に在り。五の位は品を分かつの名なり。實の名は維れ理なるのみ。

【解説】

世の中に生まれ滅していくすべてに関わる理の、眞縁、冥生、幽易、玄極、妙定という段階と質で説明している。また理は根源に有るものだが、それそのものが道ではない。

理は、眞縁《まよざし》、冥生、幽易、玄極、妙定と五つの段階を経ていくが、五で一括りとなる。一つの事が縁から始まり定で終わる。また世の中の諸々すべてが縁より始まり生まれる。目的なく始まる。この最初の縁を眞縁という。そして生まれ、生長していくがどのようにどこへ向かっていくかプロセスを予め知ることはできないしわからない、ゆえに冥生という。世に存在するすべては変わる。微かにでも変わっていく、これを幽易という。そしてそれは変わりそして極まる。そのこれ以上なく極まったところを玄といい、ゆえに玄極という。これらは人の智恵で予め知り推し量ることはできないすじみちである。これを理という。

一般に儒教では理を運用、気を条理とする。その趣旨は理気併存説を採り、程子は「理気合論」を採って「性と気とは分離不可能」と考えた。そして、その性は人について言うのであってもこの理以外のものではないとした。それに対して陽明は「気の条理を理なり」といい、その理の運用を以て気と考えたことによったものであった。

これらの儒学がまだ日本に来ない時代、わが国ではすでに五鎮の理、理独り在って神、心、気、境を以てその性《うまれつき》を興し道となるという五鎮道を啓いていた。それは天の徳のはたらきが道と成るということである。また、理とはどのように世界に於いてそのはたらきをするものかについて説き、同じ東洋思惟概念の道であっても、儒道と神道と名が異なる所以である。

※　白河本では〈誠実にして虚妄ならず。故に名付けて眞という。聞見の及ぶ所に非ず、故に名づけて冥という。其の深きこと渺然《びょうぜん》たり、故に名づけて玄という。杳陰微《よういんび》なる故に名づけて幽という。言語同断、心行処滅す、故に名づけて妙という。此の五は乃ち天眞の自然なり。已むを得ずして強いて之を名づけて理というのみなり〉とある。

是れ、外物は幾物にして、万物と為る。

理の正位は極めて微なり。天地の元なり。麁《あら》きものとして是れ、乃ち外物なり。

微にして諸法を成す。是を以て幾物と為す。

更に万物は茲に発《おこ》らざるということなし。

【解説】
理は天地の元である。それから先の起こりは微かにしてほのかに、諸々の縁は生じモノは起こり、興って成っていく。そして天、地、神、人、物を成す法則、理はそのもとなのである。理なくして万物は生まれず起こることもない。

※　白河本は〈此れ乃ち外物にて万法と為る。理は則ち陰微玄妙而一切の諸法は皆茲に発せざること無し。〉若干文の表現には差があるが内容は同じ。

其の感《うごき》、活《いきつぎ》、霊《くんぴ》、験《けやき》、妙《たえ》。

神を五品に分かつ、魂《あおみたま》、神《あけみたま》、霊《きのみたま》、魄《しろみたま》、精《くろみたま》となり。

感《うごき》（こころのひびき）は魂《あおみたま》の功を言い、徳に感《うご》いて徳に感《ひび》くなり。

活《いきつぎ》（いきるさま）は神《あけみたま》の性を言い、道に活きし道を活するなり。

霊《くんぴ》（みたま）は霊《きのみたま》の體を言い、理に霊《くんぴ》にし理を霊するなり。

驗《けやき》（あかし）は魄《しろみたま》の用《はたらき》を言い、善に驗《あかし》し善を驗するなり。
妙《たえ》（みょう）は精《くろみたま》の相を言い、行を妙《すぐれさせ》て行を妙《うつくしくす》るなり。
皆、神の功《ききめ》を言い、而《また》、人の道を教えるなり。

【解説】

前述の理の機運（めぐりあわせ）は、それを左右するはたらきがあることをいい、この段では五鎮（神心理気境）のうち「神」とは如何なるものかを詳しく説いている。

人が目的に達するのには道というものがある。その道に往来するため、欠くべからざる機運があり、その機運を人は都合で予定を立てたにしても、思い通りにすることはできない。それは時の運、めぐりあわせ、さまざまな予想を微かにあるいは大きく超えることとなる。それを支配するはたらきを神と呼ぶ。神のはたらきは、功の徳があり、性の道を与え、体の理を持ち、法を善くする驗《しるし》の立証があり、またそれなりの相をそなえ思議しがたい行いで、それは妙行というほか無い神秘のはたらきであると説いている。

・感は、目にこれを見て感じ、耳に音を聞いて感じ、口に味わって感じ、鼻に匂いを感じ、陰に触れて感じる。その感とは魂《あおみたま》の波（動き）による功のことをいう。

・活は、白河本では発と宛てているが、神《あけみたま》のはたらきである。神は秘されたはたらき。是非、善悪、損得、正邪をみきわめ、その生命を守ろうとするもので、定められた道に活きるよう、それらを活かすはたらきをする。だから、魂の波が正常でないときは物事の認識を正確にできなくなり、理から逸れることになる。神《あけみたま》が正しく留まらず坐さない状態となるためである。

・霊は、五常では信に当たり、四季では冬に当たり、神、魂、魄、精の四魂が一如してはたらくときの本体、したがって理もまた霊妙なはたらきとなる。よって白河本の〈霊を主と釈く〉という訳は失当として採らない。

・験は、三十巻本は通じると宛てる。魄の質に通じることのはたらきを指すからである。験は「あかし」で魄《しろみたま》のはたらきである。物事を理に則って誤りなく行われることによって、神がはたらく結果が「しるし」である。

・妙は、言葉にも形にも言い得ないことに対する言葉である。ここでは通達しえないものがない、ありえないことの見事さをいう。三十巻本の精のはたらきを知と宛てているのは、火を知とせず水を知とする儒書に因るものである。

※白河本は〈其の感、発、主、通、建。神は五科有り。魂、神、智、魄、精　是なり。感は魂の応を言い、以て極徳に感き以て質の徳に感ずるなり。発は神の応を言う。以て極活を発し、以て質の活を発するなり。主は魄の応を言い、以て極法を主り、以て質の法を主る。通は精の応を言う。以て極験に通じ以て質の験に通じるなり。建は智の応を言い、以て極道を建て以て質の道を建つるなり。此れ乃ち神の妙存にして命を立つなり。以て命を立つなり〉とある。内容は同じだが、五鎮の神心理気境の神を説くのに儒教的に偏った文となっていることに留意したい。

其れ恵《めぐみ》、覚《さとる》、克《おさえ》、敬《いやまい》、眞《まこと》。

心を五品に分かつ、仁《めぐみ》、智《さとり》、義《つつしみ》、礼《いやまい》、信《まこと》。

恵《めぐみ》は、仁《おもいやり》の功を言い、心の本を為して心の標を領《つか》さどるなり。

覚《さとる》は、智の体を言い、百惑を避けて万《すべ》ての理を明らかにす。
克は義の用《はたら》きを言い、己に克《か》って利《よくとく》を克《おさえ》るなり。
敬《つつしみ》は礼の相を言い、威儀を欽《つつしみ》て会う、交わりを恭《ただし》くす。
眞《まこと》は信《まことする》の性を言い、志を誠にして事を誠にす。又、心の体を言い人の道を教ふ。

【解説】
心には仁慈恩愛の恵心、智覚証明の覚心、義理方正の克心、礼敬辞譲の敬心、誠心懿徳《いとく》の真心といった五心がある。

・恵　仁慈恩愛の恵む心は、春心である。春は四季の始めで、天の心の本《ハジメ》と末《オワリ》をしめくくった意味から始のハと終のルを結んだ言葉とされ、終始一貫して必要な心であるとされる。

・覚　智覚し証明するの覚心《さとる》は、夏心である。夏は四季のナルコトノアツマルで、成る事のナと集まるのツを採った言葉とされる。分散された誠も一つに集まれば知として道に通い、迷い惑い煩い悩みといった戸惑を超越することができる。それが夏心の功徳である。万ての理〜は、理一つが多面に秘められていることの形容である。

・克　義理方正の心は秋心である。秋はあらゆる物を登《みの》らせ飽きさせる豊かさのアキで、これ以上は余計だとして克える意味の言葉とされ、己（私）を尅して己を克する義心《おさえる》である。

・敬　礼敬辞譲の敬う心は、冬心である。冬は四季を経て消ゆるで経消《ふるきゆ》の始終の意味でフユという。相手に何ごとも禅《ゆず》る心、相手を敬《たか》くする心使いが冬心である。即ち相手を高く仰いで自分を低くして威儀を整えることの敬心《つつしみ》を指す。

・眞　誠心懿徳の心は、土用心である。土用は暦法でいえば立夏の前の十八日が春の土用、立秋の前の十八日が夏の土用、立冬の前の十八日を秋の土用、立春の前の十八日を冬の土用という。これは何ごとも種を蒔けば必ず芽が出る。出ることでその質がはっきりと判るところからマコトという言葉が出たとする。真実無妄の心のはたらきをいう。

※白河本には、〈其の恵、覚、克、敬、實。心に五科有り。仁、智、義、礼、信、是な

り。恵は仁の徳を言う。以て親戚を愛し、以て疎遠を恵むなり。覚は智徳を言い、以て万理を照らし、以て百惑を除くなり。克は義の徳を言い、以て己私に克ち、以て名利に克つなり。敬は礼の徳を言い、以て威儀を敬い、以て交際に敬むなり。實は信の法を言い、以て心志に實し、以て言行に實するなり。此れ乃ち心の玄宰にして道を明かにし以て道を明かにするなり〉とあり、同じ内容である。

其れ、起《おこり》、政《ただす》、化《かわる》、因《ちなみ》、常《つね》。

理を五品に分かつ。生《うまれ》、易《かわる》、極《きわまる》、縁《てづる》、定《さだめ》となり。

起は、生の功をいい、世の万《すべ》てを起し世間に立つ。

政は、極の用をいい、私を敗《ころ》して公を成すなり。

化は、易の相をいい、旧虚を遣《や》って新に實を来たらすなり。

因は、縁《てづる》の体をいい、倫《ともがら》を立て法を為す。

常は、定めの性をいい、物と事を常《つね》して変妄を折るなり。
是れ、理の相をいいて、人の道を教ふ。

【解説】

・起　縁生極易定の、生まれる、産まれるを意味し、陽のみ、陰のみでは何も起きることは無いが、天地人三合しての現象を「起」「成」という。この世の万法は理によって起り、理によって生まれ、理によって始まり、ここに世間が立ち成立するという意味。

・政　神の正《まさごと》を極とする用（はたら）きの称である。勧善懲悪はその理の極めである。従って公然正直の者を賞し、邪悪私曲の者を罰することが政道の功である。心を天に格《ただ》し、私《きまま》を去って公に代えることが神政のきまりである。

・化　易変の功である。「聖人はその道を久しくして天下を化成す」というが、旧虚すなわち無益な悪習をやめて今日の状況にあわせるようにする。新しい時代に即応するよう理を格すことをよしとする意味。

・因　血波で男女の血を波《うごか》すに因る。ゆえにその本を立つ。それは縁《てづる》を大切にし、五倫、五常の理を格す必要があるという意味。

・常　当然のことを当然とする。天の理あるいは法則という定めがある世の中で、私見や浅慮な知識をもってそれをあたりまえとしてしまう、世情の凡習に堕落してはならないという意味。

※白河三十巻本は原文は右と同じ。訳文は〈起は成の功を言う。以て人法を起し以て人間を立つる也。政は極の功を言う。以て公正を賞し、以て邪曲を罰すなり。改は易の功を言う。以て旧虚を改め以て新實を齊しくするなり。因は縁の功を言う。以て五倫を導き以て五常を立てるなり。常は定の功を言う。以て賢雅を常にし、以て凡俗を変ずるなり。此れ乃ち理の固有にして教えを露わすなり。〉と若干文を代えて説いている。

其れ、生《なましいき》、暖《ぬくみ》、晞《かわき》、冱《こおるいき》、濡《しめりけ》。

気を五品に分かつ。終陰、小陰、限陽、両（陰陽）の大となり。

生《なましいき》は、終陰の功を言い、天気《あまついき》を生して人身を生かす。
暖《ぬくみ》は、小陰の体を言い、天気を暖して人身を暖む。
晞《かわき》は、限陽の用を言い、天気を晞かし人身も晞《あれる》なり。
沍《こおるいき》は、大陽の相を言い、天気を沍（氷）て人身も沍《ふさが》る。
濡《しめりけ》は、大陰の性を言い、天気を濡いて人身も濡《しめ》る。
是れ気の性を言う。そして人の道を教ふ。

【解説】
気に五品、五つの性質があること。天から降り満ち動く元の気があって、それらが変易し人に及ぼすことをいう。
※　白河本は〈其生暖晞清濡、気に五科有り。木火土金水のこれなり。生は木の化をいい、天気を以て生じ人身を以て生まれるなり。暖は火の化をいい、天気を以て暖か

に、人身を以て暖かなり。晞は金の化をいい、天気を以て晞き人身を以て晞くなり。濡は土の化をいい、天気を以て濡い、人身を以て濡れるなり。これすなわち気の流行にして行いを善くする〉と儒教的説明をしている。

其れ、見《みる》、聞《きく》、嗅《かぐ》、味《あじわう》、婬《そまる》。

境を五品に分かつ。目、耳、鼻、口、陰となり。

見るは目の功を言う。世万《よのことごとく》を見て境界《さかい》を助けるなり。

聞くは其の體を言い、世理を聞いて境界を安《お》くなり。

嗅ぐは鼻の相を言い、気を嗅いで境界を補うなり。

味は、口の性を言い、食を入れて境界を持つなり。

婬は陰《ひそかぐち》の用を言い、交を作《な》して境界を嗣ぐなり。

是れ、境の用を言いて人の道を教ふるなり。

【解説】

以上の境《みのえ》の五品は天から預った命を保つためのものである。それは自他を混乱させない為の境を区別し、人の道を行うよう教えるものである。

※　白河本に〈其れ視、聴、嗅、味、婬、境に五科あり。眼、耳、鼻、口、陰の是なり。視るは眼の用を言う。以て世象を見、以て人界を明かにするなり。聴は耳の用を言い、以て世理を聞き、以て人界を治めるなり。嗅は鼻の用きを言い、以て気嗅在り。以て人界を持つなり。味は口の用きを言い、以て語食に在り、以て人界を調ふなり。婬は陰の用きを言い、常に叶い、以て常に叶うなり〉と在る。

其れ夫《かの》五は、互いに別有り。天、地、神、人、物と有るは皆、五の者の為すところなり。

神、心、理、気、境は各融《とお》りて皆有《そな》わるは、是れ互いに有るなり。

一々異なって有るは、是れ別に有るなり。這の五鎮は天及び地を成し、神と人とを成し、又、物を成し輪の端無きが如し。是れ宗源の道なり。

【解説】

神には魂、秘、魄、精、霊の五つの鎮まるはたらきがある。心に仁、智、義、礼、信の五つの鎮まるはたらきがある。理に縁、生、極、易、定の五つの鎮まるはたらきがある。気に終陰の生気、小陰の暖気、限陽のキ気、大陽の沍気、大陰の湿気の五つの鎮まるはたらきがある。境に目、耳、鼻、口、陰の五つの鎮まるはたらきがある。

それぞれが互いに融合し一如となりて、万物、万法が成る。どこで始まりどこで終わるというものでもない。それぞれにはたらきかけて生み成し極まり、易わり定まっていく法則を五鎮道といい、神の根源の姿である。道の宗源であることから、宗源道あるいは、宗徳道ともいう。天物梁命の天《たかあまはら》は、天の精神の理を指していい、物は万物の法をなすもの、梁はそれをつなぐという意味である。また宗源《もとのもと》は空間と時間を梁《つな》ぐ、陸と海を梁ぐ、天と神を梁ぎ、神と人を梁ぎ、人と物を梁ぐ五鎮の梁の神である。ゆえに天と児の屋神《おや》で天児屋神《あめのこやねのかみ》とも記されている。

この五鎮神がはたらくのが天法であり、その本を天理という。天理にそった天法がはたらくことを教えるので相伝神といい、天政の三公神の一つである。
※ 白河本は、〈此の五の者は互いに有って別有り。天地神及び人物、皆五者の為すところなり。夫れ五鎮に一兮融兮。是れ互いに有るなり。各兮、異兮、是れ別に有るなり。三才万物皆此れに因らざること無し。蓋し聖を作り神成る。皆此の道なり。大哉宗徳道、至矣盡矣〉と結ぶ。

第四　齊　元

一《ひと》び天と地と分かれ、二《ふた》び地は天と不為《ならず》。天は君、地は臣なり。

臣は、君位を不復《ふたたびせず》。

「齊元道者《かんついみのみちは》、天道の本道《もとつみち》にて特に独り吾國の正道なり。

是　神國《かみのくに》、奇國《くしきくに》、天國《あまつくに》、本國《もとつくに》の神道《かんつみち》は、勝《あでやか》の道なり。

其國の道とは那道《なんの》なるや。

天地の本は一なり。陽清《すむいき》と陰濁《にごるいき》と已《すで》に分かれ、天は君上と定まり、地は臣下と定り而、再び地が上りて天と弗成《ならず》。臣は地として君天を侵不覆《おかしおおわざる》は、是正法《かたよらざるみち》の大法なり。

【解説】

まず齊は、飲食動作を妄りにせず清く潔く、直に謹みて行う意味を持つ字でありモノイミの意味、そして元はモトで、左を左とし右を右として元に己を格すことの意味で齊元《かんついみ》と訓む。

齊元の相伝神である天太玉命《あめのふとたまのみこと》の言葉として神代本紀に次のようにある。

「齊元とは唯日に事《つかうる》ことに在るのみ。吾は日《かんごころ》を独り尊ぶ。齊元には総《ふへんのみち》と別《わけのみち》と有り。其の総とは日と天と地と一《ひとしき》なり。別とは日と国と王と一《おなじくする》なり。総に、体と用有り。月は偶《たぐい》し、星は散り、人の降《あまくだ》るは是用《はたらき》なり。別に、体と用と有り。吾《あれ》は法《のり》し、吾は斎《ものいみ》し、我は祭《まつり》す、是れ用きなり。其の二の体、是日のみ。常《あたりまえ》とする則は神衛《まもりたまう》も、変《かえるとき》則は神に責《せめられ》るなり。これ、天地の定めなり。是れ、齊元《かんついみ》を説く其の学の元なり」

この齊元の道は吾が太陽神たる日神の天照大神を尊び、その教えを守ることである。そして、この道は総道と別道の二つの才《はたらき》を以て成っている。総道は、日と天と地と人が一つの生命に維《つなが》る道を指し、別道は、天照大神という日神と国と天皇が一つに維がる道を指す。斎に慎んで日神を祭り行うときは、神は人を守り、道から外れれば責めを負う。それが天地の定めであると、齊元の概念を言い表している。総道は神学的な意味をいい、天道に沿ってすべてが在るという理を説いたものであり、別道は、天皇の役割が説かれ、またそれに沿って臣の道が説かれている。天皇の為すべき役割と意味、そして臣の守るべき道を伝え、この二つの道を通して国の平穏を守り、民を豊かに養うことを教え、また君臣のあるべき姿だけでなく、社会生活の営みへの関わり方まで含んでいる。

先代旧事本紀大成経の神武から推古までの三十五代にわたる天皇紀に記された政は、この齊元道を反映したものであり、神教の具現化に外ならない。それは美談のみが撰ばれ創作されたものという印象からは遠く、神道の厳格さが伺えるものである。この齊元道を知ることによって明治政府による皇室典範は近代の新しい概念で作られたものであることがわかる。それは、古来の神道にはそぐわず、天皇のあるべき姿にも遠いということである。

次に、この道は天と地と一度分かれて成り、二度と戻ることはない、その法則は不易のものであるとは、君臣の定めを説くものである。人の思いで変えることができるものではなく、君には君の、臣には臣のそれぞれに道の定めがあり、それを貫くことの意味を説いている。明治政府が強調した忠君という儒教の意味とは異なる。

第十代人皇崇神天皇（御間城入彦尊《みまきいりひこ》）が立太子にあたり、父開化天皇が詔して曰されたのが、

「天皇道とは、正《まさごと》、淳《きよらかさ》、誠《まこと》の三徳を道として活かすことにある。宗源道では正の道を極め、霊宗道では誠の道を極め、齊元道では淳の道を極める、この三伝は総て敬うべし。当に朕の代に国々に布し、以て国々に神主を定め、周く王道を弘めるべし」ということであった。

そして、「筑石に吾襲の神主、日向に吾田の神主、谿（丹）波に豊食の神主、出雲に杵築の神主、五瀬に飯井の神主、常陸に筑羽の神主、奥北に羽黒の神主、奥南に塩釜の神主をことごとく定め、夏、冬に祭祀し日に齊元道をのべ、天下始めて君道を知れり」とあり、各地に神主を遣わした記録がある。（先代旧事本紀大成経 開化天皇紀）これ等も、神道の布教と齊元道がいかに行われたかを知るてがかりといえる。

先覚の言葉に、「古代の学に暗い者はその過去を想像し、西偏の呉太伯が来て国を立てたものではないかとか、或いは朝鮮から英雄豪傑が渡ってきて原住民を征服したものだなどと妄語をしきりに言うことで国体を危ぶむものもあるが、愚かなことだ」

と戒められている。

・総道　天地の神聖《かみ》に己を格し、河流に瀬織津姫神《セオリツヒメノカミ》、荒海の塩の八百道《やほじ》の速開津姫神《ハヤアキツヒメノカミ》に、呼吸の世に気吹戸主神《イブキトヌシノカミ》に、根国に速佐須良姫神《ハヤサスラヒメノカミ》に、己を清め、以て神聖と己を一つにして生活することをいう。この四柱の神は、祝詞身禊祓《みそぎはらい》で宣べる神名である。わが魂を漱ぎ洗い清め、心身を清浄にしてはじめて神前に額づき祈る。そのためには自らを省みて穢れを認め、そこから離れ、道へ戻る事ができると教えている。

・勝　あでやか、貴いの意味をさす古語

・奇國《くしきくに》　不思議の国という意味。天國と中津國と根底國と奇数を一國とする國の意味でもある。

・天国《あまつくに》　天に配する天照大神の国でもある。記紀に天地は混沌としてと記述された時期にはすでに五鎮がはたらき始め、天から地へと神々のはたらきが降り、地を生じ、天地はひとたび分かれる。そこには天の道と地《くに》の道と秩序が生まれた。すなわち日と月の道、日と主の道、月と臣の道、日神と日子の道、日神と日女の道、とその名が異なっても一つに結ばれて往還し、矛盾がなく正道の国となる。

・天皇道　日と月が本は一つの「天」という同胞から出たもので、日は皇天、陽徳として表れ円位し、月は日徳に従《つ》いて佐《たすけ》の役をする。日は皇天、月は君天としてその立場に位し万物にその恵みを与える。この道に拠ってできたのが天皇道である。

・君臣　王も臣も元は神の子として兄弟である。しかし末の混乱を防ぐために、秩序立てるべきといえども人知で行うことなく、天地日月のある様に拠って定め、日本道《ひのもとのみち》が布かれた。「皇国は、天地の初めより人倫正しく、君臣上下の分明かなること日月の如し」とある。

日月一《ひとた》び別れ、日は主と為り、常に圓位し、度位を御《しろしめ》し、也《また》月は従と為り、進退晦望《しんたいかいぼう》の増減なり。君に向かう則《とき》は之を増し、君に背く則は之を減ずるなり。

日月の本は一胞《はらから》なるも主と佐《たすけ》、一び別れては日は月の位に下らず、月は日の

位を牟《もう》さず。

日は皇天にして常に圓《まる》く又、陽徳にして常に政《まつりごと》す。月は君天にして増減し又、進退して晦望《かいぼう》す。是、齊元の法なり。

其の齊元の法は、天皇の両児、一王は宮に在《とどま》って下らず、一王は姓を賜って臣に下る。宮に在《ます》王は践祚《せんそ》に当たり、姓を賜る臣は践祚を絶つ。

天の正《かたよらざる》の道たる是なり。

【解説】

此の項は日徳について誨える。日神の天照大神、月神の月夜見尊は元はといえばその出処を同じくされるに由って、その位の分離をさして日月一《ひとた》び別れという。

・日は皇天　日神は皇神として、月神は君である皇天（日神）の従として天に配する。

・度位とは、周天の三百六十五度の天政を主るの意味。
・晦日と望月（十五夜）月はその主に従くので一日から十五日、十五日から三十日進退し、暗い月、明るい月となっていく。
・齊元の法とは、皇位を日継される法則であり天理に基づくものであることをいう。
・立太子　齊元道によって立太子され、践祚が行われるが必ずしも長男が王位を継いで天皇となると定められていたのではない。男系男子及び兄弟の順というのは明治政府が定めた皇室典範であり古伝による根拠はない。先に解説の例に上げた崇神天皇は開花天皇の第二皇子で「衆に相計りて御間城入彦尊を立て立太子と為《なしたま》う」とある。

日に三徳有り。温徳、明徳、烈徳とのこれなり。
陽温は、世界の寒毒を解《ほど》いて万物を養生し、陽明は世界の暗邪を避けて万物を照映す。

陽烈は、世界の湿害を撥《あば》いて万物を建立す。
温徳は、心道の体にて即ち天下の仁徳なり。（註・仁道を仁徳に改めた）
明徳は、心道の相にて即ち天下の知徳なり。
烈徳は、心道の用にて即ち天下の勇徳なり。
此の三徳は人の世の大綱なるのみ。

又、三功有り。自行、使行、餘行と是なり。
自行《みずからおこなう》は、日度の三百六十五度の行いの是なり。
使行《おこなわしむる》は、天をして一度の行を促さしむるの是なり。
餘行は、月と星の皆くを日に従はしむるの是なり。
天皇位に在《まし》て三徳を行うは是れ自行なり。天下をして平安たらしむるは是れ

使行《おこなわしむる》なり。王臣の徳に従うは是れ餘行なり。

【解説】

前項にあるように齊元道を天体の運行で表し、天と地と人の役割と意味を説いたものである。この項は太陽の三徳について三功の威があることを誨える。（宗徳経 第九の「天道」を参照）

例えば、円周の中心角を一度として三百六十度を一周する行いは自分自体の営みであり、それが自行である。天の主体となってその度を促すは使行である。月星をして日に従わしめるのが余行である。

自行は、日度、すなわち日の行度をなし、宿度すなわち一日と一昼夜のうちに一周天し、その二十八宿をめぐる。

使行は、天をして一度を促さしめること。すなわち天行一日三百六十度四分の一度にして、日の行度に一度過ぎるの理、天地先に開いて後に日月が出現するので、天の行が日に過ぎるのは、天行をして一度催促して早めるということである。

余行は、月星をして日に従わしめるは、太陽の光をうけて月星が自らの光を更に輝やかす現象をいう。

この自行、使行、余行の三功は、天皇の位はどのように成ったのかをいい、他から押しつけられたものでもなく、自ら工夫して得たものでもなく、天がはじめから持っている徳による権威であるとする。ひとたび生じたものの徳を維持し、損なうことないようにするには、日月星すべてのめぐりが人の意ではなく天の理に沿っていなければならない。

天皇の位とは、独りの人としては重責かつ厳格なものであることはいうまでもない。そこに私心や感情を差し挟む余地は微塵もない。しかしながら人は人である。それゆえに、神武天皇の第四皇子である神渟名井耳尊《かんぬないみみのみこと》は践祚し綏靖《すいぜい》天皇となり、「四年より二十四年まで乾々然として以て慎み去て天下に事無く、禁中も無為なり」と記されている。慎みながら務めを果たされたので天下は無事であったが、皇子を立太子した際には次の詔をされた。

「朕は十有四歳より、今の七十二歳に至る其の間、五十九年（註・雄山閣出版の日本暦日原典により計算すると六十一年でこの時の御歳は七十七歳となっている筈）日々思いを責して一日も安まること無かりしなり。所以は何。天皇（註・神武）の四十二にして立て皇太子と為り。四十六年の春、天皇《ちちすめらみこと》は、朕《われ》に詔《みことのり》し曰《のたまわ》くに、汝は、八慎を知るや否や、と。（註・四十六は誤写）

朕《われ》、常に以て絶《はなはだ》之を慮りし故に便《また》、詔《みことのり》下に奏し曰《もう》せり。下臣《やつがれ》は不肖を以て慮に太子に立ち先《ま》ず、天皇を後《つ》ぐ徳に危《あやぶ》む。次に日を後ぐ吾が行《ふるま》いに危む。即《よっ》て爰に八慎の有ることを天慮《おおきみのみむね》に合《かなわ》んと。

一に、我が国は齊元国なり。不肖の者は主たるに堪えず、堪えざるを以て堪えるに宛つ。血に泣かずんばあるべからず、当に泣て之に慎むべし。

二に、天皇、始めて皇極を立てたまえり。茲に寡人《われ》、始め皇極を嗣ぐ、始めに嗣ぐは万嗣を引《みちび》くの故に吾の嗣ぐは至大なり。吾が徳は是れ小なり、小にして何ぞ能く大ならん乎。当に血に泣いて之に謹むべし。

三に、天皇は是れ神人《じんむ》なり。寡人《われ》は即ち是凡人《ただびと》なり。凡《ただびと》にして何ぞ能く神を写《あらわ》さん。写《あらわすこと》を能《よ》くせざれば嗣《みつぐ》には非ず。凡者として神の跡《みふるまい》を写《うつ》す、胤《みつぎ》に非ずして之の胤《みつぐ》（嗣）に当るに当《また》血に泣いて之を謹むべし。

四に、天皇、精密《くわしきかぎり》の道を以て已に能く持て寡人に与《たま》えり。此の道は即ち是れ天下《くに》なり、更に一身の小道に非ず、小身にして大道に預かる。知らずして遂に持つも半を得て之を損《そこ》なわんか宜しく血に泣いて之に謹むべし。

五に、王者は天下の父なり。是れ父は悉くの子を養うに任《たえ》ん。一家の仁養、諸泄《これをあなど》るの王たらん乎、盗《ぬすびと》（賊）たらん乎。定って是れ盗為《ぬすびとたら》ん耳《のみ》。宜しく血に泣いて之に慎むべし。

六に、天下は是れ弘くして万姓は是れ多《さわ》なり。其れ物は無量にして其の理は無尽《つきることなき》を慮愚《くよくよせ》ば是れ狭く、身悪《みをつつしまざれ》ば是れ独り、凡修《おろかなるおこな》いは是れ疎《あら》くして少《おさ》なし。凡知は愚にして有限なり。狭きを以て弘きを渡り、独りを以て万を領《つかさど》る、疎《うと》き少《おさなき》を以て無量を理め、有限を以て無尽を御《つかさど》るは応対所《かなわざる》なり。当に血に泣いて之に敬《つつし》むべし。

七に、道心は是れ隠れて微《かすかなるもの》なり。私心は還って是れ顕《あらわ》れ逸《はし》らん。此の隠没の微を以て其の顕逸《けんいつ》の大を治めるに応に血に泣いて之を敬《つつし》むべし。

八に、道は是れ中《かたよらず》して細《こま》やかなり。気は是れ偏《かたより》にして麁《あらきもの》なり。偏《かたより》の麁と細きを以て、中を取るは是れ難中の難なる耳《のみ》。故に須《すべから》く血に泣いて之に敬《つつし》むべし。

（神皇本紀）

この「天皇の八慎」は、天皇という立場がいかに厳格にして孤高のものであるかを理解できる齊元道の極め、また一般に置き換えれば人の道の極めともいえる。

是れ、即ち天孫《あまつみまご》の徳功なるのみ。

践祚の嫡胤《ただしきちすじ》是を天孫と名《い》ふ。天孫の守るべきは是れ日道《ひのみち》は、齊元の天道なり。

天位を失わず、天道を廃《やめ》ざるは是れ、天孫の徳の大功なり。

月に二法あり。一には是れ増法、二には減法なり。日に向う則は増し、日に背く則は減ずるなり。

白月は日に向かう故に、面《まのあたり》に従いて白きを増し、黒月は日に背く故に光を減ず。

是れ、臣道の理の元なり。

忠を以て君に向ふ則は朝恩を得て威を増し、逆いを以て君に背く則は、朝征を

蒙って勢いを減じるなり。是れ、天道の常理なり。
就中《なかんずく》、齊元は天約、神約の神理なり。必ず此の制《いまし》めを免れず。

【解説】
この段は月の二法（増・減）を以て臣道を考えさせる。齊元道においては、日を以て天照大神の君位に宛て、月を月夜見尊の臣位に宛てる。そこに道理を誨え、吉凶、晦望の道を考えさせる。すなわち、日向かえば満月、日に背けば黒月にと謂い、白月は明白の日光、上の十五日の夜の月は朔から十五日夜、望月の満月のことで、下の晦日は欠けるが黒月となる。日を以て善悪の分岐点、明暗の中心とし、人の道の誨えに採ったものである。

・二法　人（あいて）に因って受けることをいう。

日月の運行を道に採ることは古代中国においてもみえ、供範伝（書経）に「日に中道あり。中道を黄道と謂い、九行は青道二つにして黄道の東に出ず、赤道が二つにして黄道の南に出ず、白道二つにして西に出ず、黒道が二つにして黄道の北に出ず」とあり、黄道を除く八行を白、黒、青、赤のそれぞれ二道に数えて九道とし、「其れ月の道が交わるところに二分と同度となり、九限の際には黄道の差は三度、月道の差は一度半、蓋し損益の数齊なり」とその法則を示してある。

又、二理有り。一には望理、二には是れ晦理なり。

謙《へりくだり》て位に中る則は望位を得るも馴れ慉《おご》りて日を後ろにする則は亡びて晦と成る。

朔弦《かみのつき》の日月は、日に辟《しりぞ》く、是れ天の謙道なり。遂に位して望《もちづき》に至る。既弦《しもつき》の日の月は日に馴れるなり。是れ天の慉りの咎なり。遂に亡んで晦に至る。

是れ、臣道の理の元たるや、義を以て君に事《つかえ》る則は朝用を得て位に封じられ、利を以て君に敵する則は朝軍に当て亡ぼされるは是れ天道の常理なり。

就中、齊元は天約、神約の神理なり。遂に此の制《いまし》めを解くこと無けむ。

【解説】

此の項は月の上弦、下弦の理を以て法を知ることを誨える。月に二面の理《さだめ》がある。望《あかるさ》の理、晦《くらさ》の理である。

朔の弦《ゆみはりづき》は月毎に日から辞《しりぞ》いている。これは天体によって謙道を教えられる現象である。

既弦《しもつき》の十六日からは月は日ごとに馴れてその反対になる。これは天の憍りの咎を象に示される姿である。その結果は遂に吾の姿を亡くしてしまう。これは天体の象に示して臣の道を誨られる理である。

謙《へりくだり》て中《なかごろ》に位《いれ》ば、望《ほまし》えの位《たちば》におかれるが、憍りに馴れ、日に近づくと全て亡んで自分の姿をなくしてしまうと戒める。ゆえに臣たる者は、物事をほどほどにする義を忘れず、きまま心によく克って、主と臣の道を弁えることを忘れてはならない。朝用されていながら、もし利を以て君に敵して滅ぼされるならば、それはすべて天の道として常《あたりまえ》の理《さだめ》があるからである。

これらの天約、神約は、古道の理であり齊元道として相伝されたものである。


是れ、即ち臣孫の天道なり。

臣も神の子孫なり。是を臣孫と名《い》ふ。臣孫の守るべきは是れ月道、齊元の天道なり。天忠を忽《ゆるが》せにせず、天儀を慢《みだ》れざること是れ臣孫の法の理なり。


【解説】

同じ神でも天孫と臣孫を区別するのは何に由来されるのか、神の出典に天祖《あまつみおや》、天尊《あまつみこと》、すなわち皇天と君天の二儀があることからである。これを同じ生命でも、魂と心、心と肉、魂の祖、肉の祖との違いと同じ理由である。

初め天祖坐して、次に天尊出で坐して天祖に向って天尊曰くに「臣《やつがれ》は、祖につづく流れの法《あらわれ》なり」と音《みことば》されたことに由来する。これを以て元君即ち天祖に、臣祖として従うものと決まってしまったと誨えている。

天祖は、天の譲る日と神名し太陽神、即ち日神 天照大神によってその御存在を示される。臣は、その日を守ることを以て道とし、それを月道と謂う。まもるは、眼守る（マ・モル）であり、その道から目を離さないことである。そして日神 天照大神は天祖の命代、またその命代が皇孫、そして天孫と続く。

月神は、天尊の命代、その命代が臣孫である。ゆえに皇孫、天孫は日道の齊元としての天道を守るように、臣孫は月道の齊元としての天道を守る。その上の道、下の道とを結び、神《あまつかみ》、祇《くにつかみ》の道を明かにする。それがここにいう「天道」である。

日は月の為に蝕まれ、寵臣、位を過ぎれば還って君を損なわむ。日度《はかり》、其の数《しばし》ば至る則は蝕に會う。是れ月の侵す為なり。王者は徳を廃《す》て道を無くし、しかも寵を倚《たの》み偏りて用いる則は、憍《おご》る臣 威《い》に乗って君を侵さむ。

唯 独り之を侵すのみに非ず。群臣 其の不義を悪《にく》むで乃ち王者に叛《そむ》かむ。日蝕を見る則は其に恐れ慎んで、政者は即ち道に復《もど》る。是れ日道の用心なり。

【解説】

天体には日蝕と月蝕の二つの現象がある。即ち月が太陽と地球との間に在って日の光を遮る現象を日蝕といい、地球が太陽と月との間に来ると一直線に並んで太陽の光をさえぎるのが月蝕である。このような自然現象に、善悪吉凶があるというわけではないが、この現象をたとえにして、君臣のあるべきようを誨え、君臣ともに傲り偏ることを戒めたものである。

これと理を一にし、臣が位を極めればどうしても王者を凌ぐ、王者にして三徳を廃し三功を失うことになれば、この世に齊元道は行われなくなる。

その臣を私《きまま》に寵愛して、もしこの日道を破れば天理の公を失うことになる。又、臣がその寵異に甘んじるならば、遂に王者の日道の功徳が行われなくなるのを憎み、他の群臣は王に叛くことであろうと戒めている。

※　同じ天道といってもの儒教にいうところの天道とは異なり、日本の天道は天照大神のすなわち天《たかあまはら》の道をいうことに注意。「学問におけるや、儒に専らならず、禅に専らならず、因より書籍によらずして道を説けり。誰をか師とし、何を学びといわん。吾道は天道を師とするなり」

月は星の為に蝕まれ、自らの位に満ち々《あふ》れ、星は日の移るを遮る。月の度り、其の数《しばし》ば至る則は白輪、實に満ち、時に中って星の轉《めぐり》は日月の間に在り。是れ星の侵しなり。

臣は誇り傲りて君を蔑ろにし、威に過ぎて理を失う則は、傍の臣は不義を悪むで乃ちこれを撃《うた》む。臣は月蝕を見る則は、其の惰りに欽《つつ》しみ懼れ、即ち義に復ること是れ月道の用心なり。

【解説】

この項は前の君王が日蝕に顧みて日道の用心をすることに対し、臣者は月蝕に顧みて月道の用心をし、自らを慎むべきことを誨える。

月は星にその光を遮られるというのは、日の光を充分に受けて自らを照らすことのできないことをいうのである。月の光は自らのものではなく、太陽の光によって照らされている。星は、日月より火少、ホスクナシからきた名であるという。地球が日光を遮り、月が光を受けられなくする。

・月の度、其の数《しばし》ば至る則　月度と日交とで、月と日の行度の交会同道することをいい、白輪は月の輪の光がはっきりしている様子。

・實に満ち　十五日の満月、中の望月は十五日で、この時が極めて盛んであるが段々と地の星は暗を増して、日月の間に入ることをいう。

・傍の臣　その寵臣と同列の者で、これは臣下同士の争いをいい、臣たる者は月蝕に顧みて恐懼し戒慎し、私《きまま》を尅《おさえ》ることの義に己を格せと誨る。

悔《あらたむ》るに復《もど》り、恐《つし》みに還って君は日道に坐し、臣は月道に止まって君臣の徳を一に致《おこな》う則は永久に吉ならむ。

君は無道を悔《あらた》め、寵用に恐れて三徳に復《もど》り、三功に還《もど》り、臣は減法に悔い、晦理に恐れて増法に復り、望理に還る則は徳は一なり。

是を以て永世《ひたぶる》に吉久《ひさし》からむ。是れ君臣の天道なり。

【解説】

此の項は齊元道の結論である。君臣の天道を上下ともに行い、その徳を一つにするには日月の道、月徳の道を守る以外に無いとする。

天道は日月の道であり、君と我の道以外のなにものでもないとし、又この世を良くし、久しくし相和して、その生命を倖せにすること以外に為すべきことは無いとする。

君の道は日神の神体にそれを表わす。一の神体は天照大神の女神像、二は日を擎《ささ》げて、その光を世に放つ彦神の神像、そして姫神の像、すなわち内にあるは天地を照らす神徳、外に表われる神は世の中を守られる神徳、前に坐すの神は世の災禍を祓う神徳とされる。

臣の道は月神の神体に示される。月の中に坐す男神はその内を制御されることを誨え、その月を擎げます神像によって、日神の後先に従いてその光を受けて輝くものであることを誨える。

この天道は、人の君たる王、王の臣たるべきものは、ひとえにその徳一つによって結ばれた道理に拠ることを説いている。

古来、精神世界では日本の神々は、日道、月道に顕れる天の理と同じくはたらき、それはまた身体へ影響することを表していた。人の世と、人の生死、国家には興亡があることもまた、天の理、天の道には示されている。

第五　霊　宗

其の先の天地従《あめつちよ》り又、天地《あめつち》の先來方《さきつこのかた》、吾廓光《ほがらかな》心虚洞《うつろ》心なり。

鎮《おさ》むるは、その天地の泯《きえ》、生《うまれ》、成りて消えると雖も、鎮座《おさまりまします》なり。

その心は常磐《ときわ》堅岩《かきわ》の者なり。

心の源に心有り。是を天皇心《あめのすめごころ》と名《い》ふなり。

其の心の象《おもむき》は如何。廓光心《おういにてらし》、而《しかも》、霊明《くしびにあきら》かなり。

虚洞《うつろごころ》に而《して》、沖莫《とらえどころなきもの》なり。

是れこの一心は言《ことば》を以て之を教え可らず。理を以ても之を示す可らず。

更に之如何とも之れ得可らず。

這《こ》の心は、先天《さきつみよ》の先天《さきつよのなか》従りの生者《いきとしいけるもの》の意《こころ》の底《そこ》に在て、天地と倶《とも》に生《な》りて

滅《なくなら》ざるものなり。

常恒《つねづねひたぶるに》永在《ありま》して、之を見るものは神天《あまつかみ》に位を等しくし、之を行ふものは、皇天に徳を等しくするものなるも更《また》之を言ふ可らず。

【解説】

神とは何かに答えるには、霊宗を説くほかない。神がいかにはたらくかは宗源に詳しく、また齊元には神と一如しての行いが説かれているが、神そのものについては霊宗を知るしかわかるすべがない。しかし、これを言葉にて言うことも理論にすることもできないということである。

そこで、宗源と齊元を理解し、行いを以てこの「心」を実感するということである。行いは五徳そして五常五行である。

この宇宙には意識があるか無いかについてはそれぞれの認識如何にあるが、ここでは霊宗を吾として、「先天より先天従りの生きとし生ける者の意の底に在りて、天地と共に生り滅せざるものなり」とされている。これを意識と解釈するか否か、それは霊宗を実感することによってわかるだろう。

　聖書にも神は霊であって、人が見たり触れたりし得るものでは無いとし、その固有名をエホバ（ヤハウェ）と称し、その神を絶対者としている。だが霊宗は、生死を超越した、この宇宙が始まる以前から坐す虚存、つまりあって無く、無くて在るという存在で、深く大らかなる心という以外に言いようもないものと誨える。

　あるいは古代ギリシアの哲学者プラトンは、神の精神と人間の精神を区別し、理性と知性を生み出す不滅の魂を神の精神とし、また情熱と食欲といった動物的あるいは植物的魂が人間の精神であるとしている。霊宗はこれらの西欧の神とはいささか形容が異なっている。

　廓《おう》いに、廓《ひろ》く、廓《あきら》かなるとして霊妙廓然たる心を指し、神にしても識り得ない天皇心《あめのすめごころ》を指す。神にしても識り得ないというのは、神がはたらく以前から存在する源の五鎮を指すためである。漢書に「陶鎔《とうよう》造化の主は天地万物の祖」というが、この天皇心はその祖《もと》のまた祖《もと》の祖心《おや》をいう。また、「又原始天王、大元聖母是也」とあり、それを説いて「始元天尊は大元の先に生じ、自然の気を稟《う》け、沖虚凝遠《ちゅうきょぎょうえん》にして其の極を識ることなし」とある。いうなればこの「極」が「霊宗」にあたる。

・吾　霊宗、または心の源のこと。霊はアヤシキ、霊宗はかんつむねと訓む。

・常磐、堅岩　常恒易わることなく、いつも活々として存在することを形容した用語で、常に祝詞にも用いられる語である。

磐は漢書にも親しまれ、支那の始元神の名、盤古がある。漢書に「昔、二儀未だ分かれず、溟涬《めいけい》、鴻濛《こうぼう》、未だ形成有《な》らず、混沌玄黄を已にして磐古眞人在り、自らの天地精なり、元始天王と号く。其の中に遊ぶ、玄々たる大空、響無く、声無く、元気浩々として二儀初めて分かれ相去ること三万六千里、崖石に血を出して水と成り、元始天王は中心の上に在り、名づけて玉京山といい、山中の宮殿は並に金玉を以て之を飾り、復、忽ちにして大元玉女を生ず、石澗積血の中に在りて大元聖と云う。(略) 大元聖母は天皇を産み、後に地を生み、地皇は人皇を生む云々」と創成のことを伝える。

霊宗はそれ以前の心、魂より以前の霊しき虚存を指す。ゆえに冒頭の「天地泯生成消の先より、この方の心」という。

汝、八意《やごころ》の底心《そこつこころ》はなんぞ。

皇天《すめあま》、心の源《みなもと》を聖神《ひじりかみ》に問いたまう。しかるに其の答えの象《おもむき》を挙《あげ》て、心を見《あら》わし誨《おしえ》を為さんも此の地《したじ》はまた、云うべからず、纔《わずか》にも言《ことば》にしたまうときは中《あた》らず。


【解説】

ここでは主客は天照大神で、客観して吾は天思《あめごころ》なりとして、八意《あらゆるおもい》をする神の自分をいっているのである。すなわち皇心の本心は何かを自問し、自答されることである。

これについて天神本紀に、「是の時、天上《たかあまはら》は、玄虚《おおぞら》鳴り動き八百万の神は悉く皆相語《かたら》いて曰すに、神の中の神とは天照大神、即ち詔りて曰すに、「朕《われ》は是れ即ち天思兼神《あめのおもいかねのかみ》なり。天思兼神は即ち是れ朕なり。ゆえに能く、天政《あまつまつりごと》を知《さと》るものは先ずその神意《かみのこころ》を知《さと》り、次に己心《おのれのこころ》を見《かえり》み、次に君意《あいてのこころ》を識り、次に民心《おおやけごころ》を察《み》て、之に合わせ、之を別て、位業《たちばとわざ》を異にし、好悪を同じくす、大なる哉。霊宗《かんつむね》哉」

とある。

この心の元の霊しきは、魂《あおみたま》に非ず、神《あけみたま》に非ず、魄《しろみたま》に非ず、精玄《くろみたま》に非ず、その四魂をして余行せしめる中つ霊心《みたま》のことを指すものと理解される。
・汝、イマジは「今います」の略。現存する相手への称。
・八意《やごころ》は、思いの神はたらき、神のはからいで、天思兼命《あめのおもいかねのみこと》、天八意命《あめのやごころのみこと》を指す。

茲に、天八意命《あめのやごころのみこと》、熟々《つらつら》、虚々《うつろうつろ》に在《まし》ませり。
聖《ひじり》神、語りたまうこと無くして悉くその心を見《あら》わすの間に応《こた》え了《ま》せり。
是れ、心を見《みそな》はす者の消息《ありさま》にして理者の境界には非ず。
止《やみなん》止、須《すべから》く之れ解くべからず。

【解説】

天思兼命はここで一神格として認識される。この場合自己の本心を指して「皇天心、神明心」というが、それが即天照大神のことで、自らがそのまま、天照大神を身中に住《しずま》り坐さす神籬《ひもろぎ》というのと同理である。

熟々も虚々も、即応えられない様子の形容。味とか香り、運命など、つかむことも触れることもできない虚存のもの、科学ではかる対象にならない、心も然り、そのような様子を表している。

つまり、神は神を知り、仏は仏を知り、心は心を知るが、他がこれを計り知ることができるものではないことを謂う。

生きとし生けるものは平等に天祖のみたまを賦与されて存在する。霊しきがはたらくとき、物は言わずも、言えなくも、全てわかる。そのわかるというのは倫理的、生理的、物理的、心理的の知をわかっているのみならず、あらゆる情をもわかるということである。陰にある情を知る「惻隠の情」を持つということ、花鳥風月に心を留める雅の美意識もそこから生まれてきた。それは神そのままの心を内に持ち、失くしていないことの証であるが。

霊をみがく、心を錬るのはすべて縁によってされるものである。古来、縁が尊重されてきたのもここに由来する。そして霊宗は尊い神縁であって、すべての由来となっている。そして心というものはその人の一切の行為、その消息において知らされる。よって理屈で云々して判るものではないので、議論は止めよう、行為で見せよう、「止、止、之れ解くべからず」というのである。

第六　一　寶

此の眞悉移《まふつ》は吾の魂魄《たましい》の代《かわり》なり。神璽《しんじ》の神鏡は日神《ひのかみ》の魂託《かかり》たまう器にして、一心《いっしん》に譬《たと》えし物なり。

正しきは当に独り天子に在るべし。従《とも》に当るは普く兆庶に及ぶべし。これ新にして磨くべきの器なり。

元は真白にして雑《しみ》黒無く、元は聖明にして闇曇《くもり》無きものなり。美圓《うつくしきまるさ》にして百光《ももてり》妙霊にして千化《いろいろとかわる》なり。

純善なる故に真白という。悪と遠ざかる故に雑《しみ》黒無しという。是れその相という。叡明《さとくあかるき》故に聖明という。

蒙《くらさ》を離す故に闇曇《くもり》無しという。是れその體《たい》をいう。道徳自ら具わる故に美圓と

いう。徳光《とくのひかり》、周《あまね》く照す故に百光という。是れその徳を言う。

神活《かみのはたらき》は元より有る故に妙霊という。神用《かみのはたらき》遍く施す故に千化といい、是れその性をいう。

是、人倫《ひと》の元つ心の象《かたち》を説いて王者公道《おうのおこなうべき》の状《ありさま》を教ふ。


【解説】

神器（神璽）とは、神のことばの徴としてその内に神教を含むものである。

神鏡とは、微塵の曇りなく光を集め、周囲を照らし、神徳を表す心を象徴した神器であり、また神の心を以て在るべき天皇の道を、映し照らすものである。
・一寶　神鏡《みかがみ》を指す。一の寶は、一はみことのりを指し、そのたからという意味である。タカラは「他から」であり、天一現《たから》とも宛て字される。また天照大神と同一という意味。ゆえに「眞悉移《まふつ》は吾が魂魄《みたま》の代わりなり」と誨える。
・マは目守（ミマモル）のマ、マモルのマ、マコトのマで、真の漢意は自然、妙理、神気、純粋、正実、正真の意味を持たせる宛て字とされる。

・フは、悉（フヅク）で経付（フヅク）のフ、万物を含のフであり、漢意の悉は弁別する義から委細のことをいい、ぜんぶ、残らずといった意味の字。

・ツは、ウツスの上下略語、アツマルのツであり、移（ウツス）の漢意は、草木を他に遷し植える義で、同じものが別な生命にうつる意味の字とされる。神鏡を眞悉移（マフツ）と当てたのは、神気が悉くその鏡にうつされて見えるという意味を教えるための字である。

・吾　天照大神の自らのこと。

・魂魄《みたま》　陰霊を魂、陽霊を魄、それは天照大神のみたまという意味。

自我を見るに誠直《すなお》なり。他人を見るに誠正《かたよりなき》なり。

不明の物を見るや、微白《くろにちかきしろ》を以て之を悪と為し、微黒《しろにちかきくろ》を以て之を白と為し、

恒《つね》に偽りの際《きわ》に吟《さまよ》い、遂に誠を得ざらむ。

人私《えてかって》の穢《けが》れに於けるや、己に於いて忘れられる所あり。許さるること有り。他に疎かにさるる所有り。責められる所有り。這の間のこと咸《みな》諸《これ》偽りに在りて、遂に其の誠を得ず。唯、明徳の地とすること有るのみ。他の白黒は象《かたち》の如く象を見、微の如く微を照らす故に、誠を見るという。

【解説】

この項は、神心の正直と、明らかであることを誨える。

・誠直　鏡に照らして我を見れば心のままに、正直に写る。他を映してもそのままである。それは鏡には、心の誠《まこと》、直《なおさ》はそのままに表れるのであり、鏡に何の工作もない。誠は粉飾しない正しさで、直くは成り来るそのままの正直さ、素直さ、その純粋なまじりけのないはたらきをいう。

・不明の物　よく見えない、翳膜《えいまく》に覆われている状態、微《かすか》の白すなわち灰色であってもこれは黒だと決めてしまう、微の黒すなわち淡い灰色でも、これは白いとみてしまう。かようにはっきりと見ないままに偽りに惑っていて、誠を知ることができない。

・私の穢　己の心のなかで、誠と直の二つをよくわかっていないと、自己を見失ってしまう。私を義《つつし》まず、怠惰や無責任になるのは、己を偽り、誠に気づけないためである。そのままを見て認め、明かにし、鏡を磨く心算《こころづもり》で己の心を練り、魂の元々の本質が明徳にあることに気づくよう、鏡は照らすのである。

善は自ら善に移り、悪は自ら悪と移るなり。

悪鏡の偽《いつわり》や、美貌を以てみにくき顔と為す。曇り鏡、正しからざることや、それ還ってそのみにくき顔を詐《いつ》わる。悪人の邪たるや、善賢を以て不善と為し、愚人の妄れ為るや、それまた、その悪を好く者は、是れ明徳の失はむ所以なり。唯《ひと》り、君子のみ有って其の善悪を象の如く見るなり。

是れ、明徳の眞明を得る所以なり。

【解説】

鏡に映った美しい顔を醜いと偽り、または醜いのを美しいと偽ったりするのは、悪人の邪である。魂の明徳を失えば、邪に堕ち善きことを認めず、気ままや乱れといった悪を好む者となる。ただ君子は己の鏡にその善悪を映し、はっきりと見きわめることができる。私心から離れれば、この世のことはそのままあるがままに見えるという理をいう。

善は善を御《しろしめ》して之に慎み、悪は悪として退け之を直《なお》くす。

善き貌の鏡を用いるや、其の貌を見て之を粧い、其の善を失わざるなり。悪《みにく》き貌の鏡を用いるや、其の醜さに依って之を治して之を直《よくする》なり。

善者の明徳を修むるや、其の善生を格して修《おこな》いを御めて其の善を募《まね》くなり。悪者の明徳を修むるや、徳に反く悪を羞て愈よ其の悪を悪《にく》んで之を改めて以て其の徳の善に帰るなり。是れ、直きに慎むの道なり。

【解説】

この項は、神鏡の功用を以て人の慎みを誨える。姿の美しい者が鏡に向かえば、このように美しい姿を汚してはなるまいと自戒し、相の悪いものが鏡に向かえば、これではみっともないとそれを治してよくしようとする。

善人は先覚の善い生き方に自分自身を比べ、益々精進努力をする。悪癖の者は徳を修めると、徳に反していることを羞じるようになり、悪を憎んで己の行いを改め、善にもどろうとする。

鏡に表れたままを受け止めることによって悪いところを直し、直《すなお》に慎むことができる。

善も止りて曲《まがること》を為さず。悪も著いて垢と為らず。
明鏡の明らか為るや。唯、明にして搾えられる極めに之を得て搾える所無し。
其の極めは窮竟、沖莫のみ。
故に善色を由と為て認めず。悪色を認めて垢と為さず。
また、明徳の明らか為るや。
唯、明にして修めて之を得るの極に於いて、修めて後に之を得る処無し。
畢竟、空霊のみ。
故に、善気を取りて我と為さず。私を為《し》て悪気を取らざるのみ。

【解説】

・曲、垢　障礙《しょうがい》という意味。美しかろうと醜かろうと鏡はそのままを映して、その色に染まるということはない、ゆるぎなくそのままを映すのみである。とらわれないということ。

・沖莫　明鏡たるゆえんは拵えごとをしないでみせるはたらきにある。映るのは鏡の対照にあり、鏡自身は沖莫（なにもない、かたよりない）である。美しいものだからもっと映したいとか、醜いから嫌だということもなく全く正直そのものなのである。

独り我に向うときは我敬《つつし》み、衆《もろ》神　向うときは衆《もろもろ》も恐れる。

明鏡の用《はたらき》や、窄《せば》めて一人之を修《うつす》ときは其の一人の醜疎《しゅうしょ》を治《ととの》え、廣めて、億兆に之を修《てらす》ときは、其の億兆の醜疎を治《てら》さむ。

明徳の道たるや。小《せま》くして唯、我之を修むるときは唯　我が君子と為り、大《ひろ》めて

諸衆《もろびと》之を修むるときは諸衆　君子と為る。其の大小は時の得失に在るなり。総《すぶ》れば宇宙　毫先《うのけのさき》よりも精《こまかし》矣。

其の博きことまた天下万世に其れ尼《なじ》むなり。孤口《ひとりびとり》は一代、明徳は箇の道なるも万古を導く。これ、窄《すぼ》めるも広めるも応《こた》えるなり。

此の道を唯、五徳の其の一にして、五融の全《まったき》に非ずと道《い》う勿《なか》れ、一より五五を出だし、窮《きわ》まれば一に帰《もど》るなり。何ぞ全きに非ざること有らむ。

【解説】

鏡に自分自身を照らして己を義《つつし》み、善なる魂を敬い、また大勢で鏡に向かい照らされるときはみなその前に畏まり、おそれる。明るき鏡のはたらきは、独りで向きあえばその卑しく醜い様を教えて清らかに直し、また広く億兆の庶民のその醜さを映せば、それを気づかせ、治し、元の善へ帰すことができる。

鏡の徳とは、我独り修めて君子となることも、その一人が世の中へ用《はたら》きを広めることで多くの者が徳を得て君子となることもできる。独りで行うか、社会で行うかは時間の問題である。

この徳は宇宙の極大から毛の先よりも細かい極微まで映し、明らかにする。長大無辺のはたらきは、よく行き届く。明徳は、個々人の生涯を照らし、また万人を永遠に照らし導く縦横無尽にはたらくものである。

この明徳の道は五徳のみならず、すべての元となる一を含む一寶である。どうして万全でないといえようか、万全なものである。

・尼（シ）　呢で近づく、親しむの意味で何にでも鏡は接し得るという意。

・一人一人の智《さと》りにしてもそれと同じで、狭い広いのことではなく道は一人に通じるものであれば万人に通じる。一寶である鏡のその神知が、仁、義、礼、信となり、究極は一つの道となり、それは個にとどまるものではないことを教える。

唯、吾が心、身のみに非ず。天、地、者の精心《たましい》なり。

這《この》器は是れ天皇の璽《みしるし》にして、庶者《もろびと》の用《はたらき》に非ざるの故に、其の徳を用いること一人に在り。何ぞ唯 箇《かず》の理に往《とどま》らむ。

正従 総別の元廣の理を知らざらむ乎。

正と別とは、是れ天皇の一なる故にして、兆庶の用に非ず。是 齊元道なり。

従と総とは即ち天下の大道にして万民の行いなり。是れ宗源道なり。

是を皇天の意《こころ》為るべし。是を以て霊器《かんつうつわ》として譬え用い可くして、皇天は之を授けて皇璽《あまつみしるし》と為して王道を万世に伝え玉いしのみ。


【解説】

この眞悉移鏡《まふつのかがみ》は、皇天唯一神のみたましろ、また地神のみたましろであり人類のみたましろである。しかしながら位の霊《おしで》として用いるのは天皇だけである。一個人のものではなく、天皇は諸々を代表する公の位であるという理に基づく。それには、正《おさ》と従《とも》と総《すべて》と別《わけ》の違いを知ることが大切である。

正と別は、天皇の一であり政道であり公道である。一であれば、庶民の私とは異なる。正は天と一つにつながって別れない一道である。別は、天と日と天皇と一つにつながる位の道である。誰でもやれるということではなく天皇ひとりの別な道で日祚道《ひつぐみち》、齊元道である。

従と総は、一は正に従く道であり、この一は総ての人に普遍の道であり、宗源道である。

最後の行が重要で、神器が授けられた意味が説かれていることに注意されたい。すなわち、齊元道、宗源道を以て王道とし、それを後々まで伝えるための皇璽であると説かれている。

神器は正統なる天皇後継者であることを証明するものと捉えてきた従来の説は、宗源、齊元、霊宗という神道の三部を知らないがために、しだいに神器を承継の物的証拠としてのみ考えるようになった。

神器は三種それぞれに三部の意味が込められて、それを伝え行うことが目的と使命であり、持つ者の資格はそれに適うこと以外に無い。それは、天皇紀にみえる古代天皇の継承が第一子とは限っておらず、心や性質が優先されたことからも伺える。

第七　三　器

八坂瓊《やさかに》の勾《まが》れるが如く、妙曲《たくみなる》を以て美妙《うるわ》しきに随《つい》て御宇《あめのした》の 政《まつりごと》を沢《うるお》し治めたまう。

仁は義直の責《せむ》るが如きに非ざる所以《ゆえん》は何《いか》む。

天下の兆庶にして理を為すは之、千に一つ、道を為すは之、万に一つ、万古に極《いたっ》て千 聖《おおくのひじり》を尽くしても之を解くこと能わず。

妙和霊勾は、唯、愚凡に応じて恩恵を布《ほどこ》し、寛《めぐみ》を布すときは、自ら民は無道を離れて理明に帰《もど》り依って天下は穏平《おだやか》なり。

罪を立《きめ》て刑を下すときは刑人日々増加して、黎民《れいみん》は年々困 労《くるしみつか》れ、遂に動乱に及《いたらんゆえ》故に、皇天は先ず 勾 心《まがれるしん》の霊珠《たま》を以て春の仁に宛て、是れを天 璽《あまつみしるし》と為て皇極を立て玉ふなり。

曲妙なるは、巧令《よがりがほ》の曲れるに非ず、是れその天の寛《ゆるめ》る妙有《めぐみ》の道の自然にして其の曲れるに似たり。是れまた、妙美《たえなるうつくしさ》は作って之を為すの美に非ず。神善《かんよさ》、霊哀《あやしよさ》の徳の天然にその善を竭《つく》したるの是なり。

澤治は制禁の治に非ず。是れ仁善和恩の大治なり。御宇《あめのした》の政《まつりごと》とは、君の苛政《とがめだてするまつりごと》に非ず。是れ洪公自大の良政なり。

天皇は此の徳に在て天下を育み、寶祚を持《たもつ》なり。臣、連は此の徳に止って、国家を養《なが》らえるに氏名を持《もちつづけ》るなり。事者《つかうるもの》は、君父の従身を理《おさ》め、民庶《もろびと》は父子妻身を理むるなり。是れ皇天の道なり。

【解説】

・三器　神心を納める器の意味。

・八坂は八方に通じる、昇降は坂、八の法則を自らする意味。また神道に貴ばれる八数、去来気《いざなぎ》、去来質《いざなみ》に八面《どこからでも》往来出来るということを意味し八坂即ち弥栄の意味。仏説では八門とも誨え、空の八、有の八つの門の義があり、八と八をかけて六十四門と拡がり、自由自在に仏の道に往還するという意味。

・瓊《けい》丹玉《あかだま》のことであり、血の通う魂《みたま》と通じるしるしである。丹は赤のことで美しく丸いもの、太陽のような、玉のような丸い心、血のかよった赤々した清い心、思いやりのある美しさといった意味を持ち、神魂と融合する美しく妙なるハタラキを形容するものである。

・勾は、誠我《まが》、我を誠するマガで、漢意では厶《わたくし》という私《えてかって》を勹《つつむ》という字。これは神心という誠、すなわち公に対し私という人情を包む心を形容した文字。また、この玉は須佐男命が天に詣ずるとき羽明玉命から土産として献上されたという玉である。この神玉を天上の天照大神に捧げられた。その神意は、神よりの清明心を以て御事《おっとめ》するという意味の神誓に通じる。

・巧令　巧言令色のこと。表情は物柔らかに、言葉巧みとりつくろうこと。

※ 白河三十巻本では、この段を三重貞亮は次のように訓んでいる。「温和巧妙、如八尺瓊之曲　施仁於天下　やさかにの、まがれるごとき、たくみなるをもて、うるわしきがままにして、おおいにあめがしたしろしめす、まつりごとをうるおす」また解説文では「仁の寛恕たるや、義の直にして方正のなるごときに非ずして、曲がれる者ごときなり。けだし天下は、賢聖なる人は少なくして、凡人多し．故にただ愚かなる凡人に応じて、以て恵みを施せば、黎民は徳に化して、無道に離れ、天下すなわち平らかなり。これを以て皇天、まず曲心の宝玉をもって仁徳を表して宝璽と為し、以て皇極を立てり。天皇ただよくこれにしたがえば、以て宝作を保ちて天下安んず。臣庶、よくこれに随えば、以て姓名を保ちて国はおさまるなり。これ、皇天の道なり。おおいなるかな」としている。儒教思想の影響した解釈であり先代旧事本紀大成経とは微妙な違いがある。

八咫鏡の如く、淳雅《ひたすらみやびやか》に分明焉《きらきらしく》直公《なおきみ》として、山川、海浜、幽遠《すみずみ》の独り窟《くらすものまで》

の看行《みとおし》なり。

之を知る事たるや、微を尽くして之を別ち、之を別《よりわけ》之に識て之を行い、不別《よりわけせざる》ときは衆理は紛《みだ》れむ。識らざるときは衆理は晦《くら》み、行わざれるときは衆理は失われむ。

道は是れ理に在り。その理を以て紛るゝに至り、晦み失わむときは、拠りどころを得ること無し。

天皇は天下を御《おさむる》の道を断ち、臣、連は国家を理むるの道を断《たた》む。官司《つかさたち》は各々職の道を断つ。国民は皆、其の道を断《たた》む。

纔《わずか》にも其の処《ことわり》（道）失うときは、何を以てか心を治め、身を修めむか。故に、皇天を次ぐに淳明《すきとおるあかるさ》の神鏡を以て、是れ、知《さとり》に宛てゝ之を以て天璽《たかあまはらのみしるし》と為し、皇道《すめろぎのみち》を鎮《まもります》なり。
淳雅とは其の理毫《うのけのほど》の狂いも無く、芥《ほこりのほど》の邪《よこしま》も無きをいうなり。
分明とは其の致《おこなうこと》に塵紛《ちりほどのみだれ》も無く、沙蒙《すなほどのくらさ》も無きをいうなり。
直公《なおきみ》（なおかがみ）とは、其の知《しること》甚だ誠叡《すぐれてまこと》にして私巧《えてかってなずるさ》の無きことをいうなり。
看行《みとおす》とは、その見《みそわなすこと》恢《おう》いに聖達し僻滞無きことなしをいうなり。
山川、海浜は、邊國、縁郷をいう。また幽遠、独窟とは、陰谷の孤輩なり。
皆《ことごと》く眫《おう》いに達し隠るゝところ無きなり。
是の如く照らし察《あきらかなること》是れ皇天の道なり。

【解説】

皇天の道を修めるために必要なことは、淳雅、明分、直公、看行で、またこれは、八咫鏡のハタラキを表した言葉である。

物には大と小があり、又、巨と微とがあり、その両面を知るのが覚りである。その知が誤りであれば首尾が紛れ一貫しないので極めることはできない。ゆえに微《こまか》く格《ただ》し、その紛《みだ》れを防がなければならない。もしそれがないならば理が紛れ、行いは迷ってしまう。この神の理を知らず、一歩履き違えれば、天皇はその使命である政道を失い、臣、連はその政道を扶ける道を断たれ、神に仕える者はその職を廃《や》めてしまわなければならない。国民を生かす道を見失うことになる。

そこで天皇はその道を失わないようにと、その位につかれるとき、この鏡を授けられるのである。授けられた鏡はそのままを映す淳雅なもので、毫《うのけ》のほどの枉《ゆがみ》もない立派なものである。その分明さは塵ほどの紛らわしさもなく、少しの砂や埃もついていないもので、私心のない神知の誠、すなち直公、叡《かしこ》さはどこまでも深みがあり明確である。

それは人知の巧《こしらえごと》ではなく、神からの性質であり看行はいささかの滞りもない。

国の縁《ゆかり》あるところすべて、誰も知らない幽遠な地でも、人気なく孤輩《ひとりぐらし》でいても映しだし、恵みは届くようにしてくれる。皇天の道とは、この鏡のはたらきと同じだということである。

・八咫とは、天の法則に合う寸法の意味を持つ形容である。八は祖《おや》のヤ、咫は天《たかあまはら》のタで、やあた↓やた。我をタダス寸法、尺度の義。漢意では「八」は別つ、広がる、ハッキリするという意味、また咫《シ》は物の法則の義。周の国の一尺に対して寸に当たり、八咫（はっし）は八寸で両手を合わせた寸法であって、尺（ほんもの）に近いという意味。「咫尺《しせき》に侍る」と云えば、天皇というほんものに侍ることで「公」に近い、つまり八咫である。物を知るには言葉によって得ることと事によって得る二面があり、鏡に因って知ることとは、すなわち事象によって知ることを指す。

十握劔《とつかのつるぎ》の若く、霊威《あやしきいきおい》の強さを以て天下を平《おさめる》なり。

勇《いさましき》の物を制するや、威を以てし、強きを以てし、勇は進む故に道を遂ぐなり。

道を遂げむ故に徳を成す。徳を成す故に威を有《たも》つ。威を有つ故に治むることを得む。是れ勇は、威を以《い》い也《また》、象《かたち》を修むる故に義を遂ぐなり。義を遂ぐ故に功を成す。功を成す故に強が募り、強が募る故に治を得む。

是、勇の強きを以て也、故《ことさら》に皇天は次ぐに威強の天剱《あまつつるぎ》を以て是を勇に宛て、之を庸《もち》いて帝徳《みかどのとく》の璽《しるし》と為し、王位《あまつひつぎ》を御《しろしめ》すなり。

霊位は、巧造《つくりもの》の威に非ず。修成《ひとのなす》の威に非ず。天《たかあまはら》自《よ》りの威なり。道の之を然らしむるの威、是なり。

霊強《あやしきつよさ》は血気の強に非ず。義力の強に非ず。天中の強なり。道極の強は是なり。

仁の中に徳有り。智の中に明有り。勇の中に善有り。徳は人として、之を宗《たつと》ばざるということ無く、明は人として之に恐れざるということ無し。善は人として之

に伏《したが》わざるということ無し。

其れ、人は宗に立て、人は恐れに住《とどま》る。人を伏え御《つかさ》どって怠退《おこたること》無きときは、天を貫き道を透《とお》りて遂に其の霊極《あやしききわめ》を得て天象に至らむ。

是れ、皇天の道なり。

【解説】

「八坂瓊勾玉は神璽なり。八咫鏡は伊勢大神なり。草薙剣は熱田の大神なり」と伝えにあり、ここではその神剣の霊強について誨える。

剣は武器であるが、諍いの威嚇に用いるものではなく、天佑の徳を表すもので皇天の道が成り立ってこそ威力となり、強さを発揮する。その強さは、敵を倒し滅ぼすものではなく、筋道をたて義を遂げる力である。天皇の璽《みしるし》として剣は王位を表し、霊しきはたらきを持つ。

霊しき強さは人の腕力の強さでなく、また意志の強さでもない。天から授かった強さである。それゆえに強く威となる。

政の威は、徳によって立ち、仁、智、義、礼の徳を人々は尊び、その善なる明るさに人々は伏うのである。すなわち人はその天道の徳を仰ぎ、畏れ、順う。これによって、怠ることなく徳を修め務めるとき、霊しきの極めを得ることができ、天道に通うことができる。

これが皇天の道であると誨える。神璽は物であり象あるものだが、それは神の心の象である。そこから離れないように、武もまた極めるべきは徳であることをいう。


此の三宝物は、吾が心魂代《みたましろ》にして又、八百万の衆神《もろがみ》の庶魂のその魂心《たまさなご》なり。

瓊、鏡、劔の皇天の心魂代《みたましろ》は是れ、天皇の帝璽《みしるし》にして一人の外《ほか》に庸《もち》いる宝に非ず。

一人に限るは齊元の理なり。

八百万の庶魂《もろみたま》為るは是れ、官庶《つかさびと》の仁、智、勇の徳為り。其れ、万用《すべてのはたらき》に遍《あまね》くするは宗源の理なり。

是れ上に天皇の一尊坐し、下に兆庶の在る所以、しかも帰する所は是、一にして三璽に三徳在る所以なり。

所以は何ぞ。瓊の饒《にぎわ》いの益有りといえども鏡の照らし見《あら》われざるときは理に昧《くら》し。劔の烈しき強さ無きときは威無し。

鏡の明照有りといえども瓊の仁育無きときは困窮せむ。劔の勇武無きときは、賊に乱されむ。劔の威勢有りといえども瓊の富福無きときは、懼れ悴《やつ》れむ。鏡の知察無きときは迷倒せむこと、譬えば鼎《かなえ》の三尺のごとくして、一を欠くときは得るに失《やぶ》れむ故に、皇天は三器を庸《もち》いて皇璽《あまつみしるし》と為して、三徳を欠かさざるを以て皇政を正し宝祚《あまつひつぎ》を永《ひたぶら》す要《かなめ》としたまうなり。

是れ、神天の道なり。

【解説】

神天の心は仁、知、勇の倶備にあり、偏在しないところに貴さがある。もしこの鏡の如く、いかに絢爛たる文化があろうとも、玉の潤いの如き仁政を欠くときは世情は殺伐となり、人情薄い社会になる。また劔の威と勇を以て厳しさと節度がなければ世の中を平衡することはできず、賊に乱され、国は疲弊し民は貧しさに苦しむ。また文化は堕落させられてしまう。

ゆえにこの三つの天皇心の在り方を神器に示して鑑み戒めさせるという。この三つは、それぞれその持つ徳性を異にしているが、鼎の三足のように、どれが欠けても成り立たない。三を一つとする理であり、この理にかなって道となる。よって三つの神宝神器として宗ぶのである。

また「是れ上に天皇の一尊坐し、下に兆庶の在る所以、しかも帰する所は是、一にして三璽に三徳在る所以なり」は、天皇の役目また立場である齊元道と、すべての人の魂に神のはたらきが平等であるゆえの宗源道、この二つがあって皇道となることをいう。そこに三徳がはたらくことが霊宗道である。ここでは三徳が三才に表れていることも誨える。

・心魂　神霊、または天祖の一心から降り伝わる天照大神の心。その徴を心魂代という。朗らかで優しく、穏やかであることと、一点の曇りや表裏の無い精神。天皇のあるべき様はかくあるべきと説く。

第八　神　璽

其の八坂瓊《やさかに》を左右手《まて》を以《もっ》て中持《なかつもち》の眞《さなご》を持ちたまう。

左は陽徳にして是は仁《はるごころ》なり。右は陰徳にして是は義《あきごころ》なり。之を合わせて一と為す故に左右手《まて》を以てという。其の一を合わせるは何ぞや。

王は上にして大《ひろき》に在りて、細《こまか》きを兼ね、臣は下に在りて細くして大を兼ねるの是なり。是れ、異《ことなるもの》を表し、融《とろかす》に底《いた》る所以なり。

中と之を言うは偏りを避け、中を要《かなめ》とする故に中持《なかつもち》という。眞《さなご》と之を言いたるは假《まにあわせ》を避けて眞を要とする故に眞持《さなごもち》という。

一に合わせ、偏りを避けて眞を要《もとむ》るは是れ皆中道の謂なり。是れ斯くの如きは唯理にして言《ことば》に非ず。唯《ただ》行いにして訓《おそわる》に非ず。

是れ、本地《もとつところ》にして在《あります》の教えを発《おこ》すのみ。

【解説】

この項は天照大神が、天孫正弥吾勝勝速日天忍星御水尊《まさやあかちかちはやひあめのおしほみみのみこと》大神に寶璽を授け、神祝《かんほぎ》に祝てその意味をさとらせたまう事を説いたもので、天神本紀に次のようにある。

「天照大神、天眞悉移鏡を持ち玉い、之を皇太尊に授け曰く。此の眞悉移鏡は、吾が魂魄《みたま》の代《かわり》なり。元は真白にして雑黒《しみ》無く、元《はじめ》は明照《きらきらし》くして闇《くもり》無く也《また》、美圓百光《うるわしくももてり》て自我《われ》の誠を見《あら》わして直く、他人の誠を見わして正《しょうじき》なり。善を移せば自ら善く、悪《みにくき》を移せば自ら悪《みにく》く、善は善に御而《のりて》之を慎み、悪《あし》は悪を除きて之を直《なお》す。善《よきこと》も止めば曲となる。悪も垢と為て著かず。独《ひと》り我向ふ則は、我に敬《つつし》み、衆神《もろがみ》向う則は衆恐るなり。宇宙《おおぞら》の総も、毫末先《うのけのさき》も精しきなり。唯、吾が心身のみに非ず、天地者（人）の精心なり。

當に此の宝鏡を視ること猶實《まこと》の吾尊《われ》を視るがごとくして、與に床を同じくし、殿《みあらか》を共にし以て放さず齊《いつき》の鏡と為すべし。宝祚の際は當に倶に窮り無かるべし。

次に、八坂瓊曲玉《やさかにのまがたま》及《と》十握剣《とつかのつるぎ》を以て、之を授けて曰く。

乃《いまじ》、天児《あまつみこ》也是、此の三種《みくさ》の宝を以て永く天　璽《あまつみしるし》と為《な》して、其の八坂瓊の勾《まが》れるが如く妙曲随《たくみのまにま》に美妙《うるわし》さを以て、御　宇　政《あめのしたしろしめすまつりごと》を沢治《うるおし》、八咫鏡《やたのかがみ》の光《てらす》が如く、淳雅《ただし》く分明《あきらけ》く、眞公《わたくしなく》、山川、海浜、幽遠独り屈《はるかなるひとりずまいのおくのおく》まで看行《みとおすこと》　十握剣の利《とく》が若《ごと》く、霊威《みいきおい》の霊強《みつよみなる》を持ちて、以て天下を平《おさめ》よ。

此の三の宝物は、吾が心魂代《みたましろ》なり。又、八百萬の衆神《もろがみ》の庶魂《もろたま》の其の魂心なり。能く闕《かくこと》無く、殿を同じくし、床を同じくし祭り修めよ、と。」

神教経は、天神本紀など古来朝廷が伝承してきた内録《うちつふみ》をもとに著されたので、同文が引かれている。

・左右手　マテは両手の古語。左右どちらにも偏らず中に持つの意味。
・左　日足《ヒダリ》、また日の出の東に当たり陽、右は日没の西に当たり陰。左右手に持つのは左右どちらにも偏らない意味。

而《しか》て、左の元指を押さえて曰く、太《ふと》の恵みの常恵《とこめぐ》みに恵め。

左の動かざるは王位の正徳なり。故に其の言うに皆大を以てするなり。元指は、木《もくせい》にして仁《めぐみ》なり。是れ仁恵の支えなり。常の恵みとは仁愛の変滅せざることなり。変わるべきは王者の仁に非ず。減すべきは君子の仁に非ず。

【解説】

この項は、王者の仁徳は如何にあるべきかを誨えている。

指のユは、天祖の神名（天譲日天狭霧地譲月地狭霧皇尊《アメノユズルヒアメノサギリツチノユズルツキクニノサギリノスメラミコト》）にある譲るのユ、ビは日々のビである。物の元始は天尊にあることから、物に及ぶはたらきをユビに表す。またこの五本の指を、木火土金水に、春夏季秋冬に、仁智信義礼また東南中西北に宛て、これを訓み、神意を伺うのである。

・元指　親指のこと。春、仁、東となす。それを王者不変のみこころとする。

・太　尊い、偉大の接頭語。

・常恵　王者は常に仁に身をおくことの意味。人々は、その仁について来るものだからである。ゆえに王者、君子はそれをよく心得るべきであるとする。

次に、首指《かしらゆび》を押して曰く、太覚《ふとのさとり》の愛覚《うつくしむさとり》に覚《さと》れ。首指は、火の智なり。是れ、智覚の支えなり。愛く覚るとは悟にして愛を悪《にくま》ざることなり。愛せざるは王者の智に非ず。悪《にく》むべきは君子の智に非ず。

【解説】

智は知徳、神と人の差を除き、些細なことも漏らすことなく知ることである。知と智の漢意は、知は是非善悪を識別することを意味し、智はそれによって判った智恵なので曰、つまり神心、徳を含む。また、実感を伴って理解することを指す。故に智もまた「しる」と訓むが智を識《しき》とつなげない。知徳は、簡単な知識やひとりよがりな物知りを指すのではなく、事の理を誤りなく明確にして仁を活かすことができる覚りをいう。王者、君子たる者の資質、人格として不可欠で、陰知苛政を戒めるためには欠くべからざることである。

・首《かしら》　人差し指。首ははじめの指である。木火土金水の火、また智《さとり》を表す。

次に高指を押して曰く。太誠《ふとまこと》の慈誠《いつくまめ》に誠たれ。

高指は土の信《まこと》なり。是れ誠《まこと》信の支えなり。慈誠とは、寔《まこと》の信たるの美甘者《うましもの》なり。

美《うるわしから》非ずは王者の信に非ず。甘《うま》しに非ざるは君子の信に非ず。

【解説】

・高指　中指のこと。五本指の真ん中に当たるところから偏らずとする。

・土性に配する。

・仁、智、信、義、礼の信徳を表すとし、王者の徳を活かす上において欠くべからざるもの。

次に、腰指を押さえて曰く。太克《ふとせめ》の悲しみに克つに克て。腰指は金《きんせい》なり。義なり。是れ義は克の支えなり。悲に克つとは義の制《おさえ》なり。悲しみの離れざるはまた、王者の義に非ず。離るべきは君子の義に非ず。

【解説】
王者の義《つつし》みは、深い嘆き悲しみを堪え、それに打ち克ち、悲しみから離れることである。

・腰指　薬指、或いはベニサシユビという。また紅付け腰ともいう。紅は赤い花の花弁の紅色素から採る口紅のこと。

・金性に配し、義徳を表す。

・克つ　勝つに通じ敵を負かす意味だが、ここでの敵は私心を指す。勝つと克つの違いは勝つは勝負にて勝つことであり、克つは堪えて悪に負けないことをいう。また悲しみを伴う。

・悲は、哀より強く、ここでは慈悲仁愛を指す。

次に、尾指《おゆび》を押さえて曰く。太節《ふとのり》の惻《いた》つ節に節せよ。

尾指は、水、礼、腎臓、是れ礼節の支《てあし》なり。惻《いたみ》に節《とどま》るは礼儀に止まり、惻《かなし》み施しなり。惻《いたま》ざるは王者の礼に非ず。止まらざるは君子の礼に非ず。


【解説】

惻《いた》むは哀れみの気持ちを抱くことで、相手に対しての礼でまた施しともなる。その気持ちがなければ王者たる者の礼とならない。それに気づかなければ君子ではない。
・尾指　小指をさし、終わりを意味する。
・水性に配し冬。礼に宛てる。

遂に手掌《たなごころ》を押さえて曰く。太徳《ふとのいきおい》の徳《いきおい》を持ち徳《いさおし》せよ。
手掌は、徳の極なり。是れ徳圓の支えなり。撫徳とは徳功の養育者なり。
養はざれば王者の徳に非ず。育まざれば君子の徳に非ず。
六は皆　太を以てし、是れ大法に差わず。大格を紛《みだ》さざるは王者の道なり。
陽王は天下の綱なり。先ず五徳の大綱に往《とどま》り、正貞して條目に及《いた》るなり。

【解説】

・手掌　手の心という意味、手のヒラ、手のウチという。
・太徳　天下を総べる聖徳で、元指の大恵、首指の大覚、高指の大誠、腰指の大克、尾指の大節と、仁智信義礼の五徳を手の掌に握るというのがすべての徳をそなえる太徳である。これは王者の養うの行為、君子の育む行為の元となり、万物の養育こそが神の徳の極である、よって王者の徳全体を指し、王者のつとめの何たるかを誨る。

・六　大恵（春）、大覚（夏）、大誠（土用）、大克（秋）、大節（冬）、太徳（一年）を指す。

又、右の元指を押さえて曰く。細恵の宜《よ》き恵みに恵め。右は克《よ》く働くものにして、臣《おみ》の位の従徳なる故に其の言は僉《みな》細《こまかき》を以てなり。元指は又、仁にして是れ総ての恵みの支えなり。宜き恵とは仁《おもいやり》慈《とめぐみ》に任える当然なり。然らざれば公者の恵みに非ず。

【解説】

・右の元指　左の元指が王者の常仁に対し、それを補佐する臣の仁を指す。大仁に対し小仁をいい、細かきところまで配慮してよく尽くすことをいう。そうでなければ仁にならず王の慈しみを世の中へ行き届かせることができないからである。

以下の文は右手の四本指、首指、高指、腰指、尾指のそれぞれが、王者の左手と対であり、臣としての智、誠、義、礼を表すことをいう。臣下には臣の自ら戒めるべきものがあり、その理を説いている。仁はより細かく施し、理に敏くして邪見を抱かず、忠誠を尽くして乱れず、よく慎んで慮ること、さらに敬いの礼節を怠らずということである。

君臣それぞれに務めとあるべきようを左右の指に示し、両手によって偏りなく政が行われることを誨たものである。

次に首指を押して又曰く。細覚の理《ことわり》覚りに覚れよ。

首指はまた、智なり。是れ別の覚のまた支えなり。理に覚へるは智知にして邪僻を無くすることなり。邪可《よこしまのはからい》は、公者の覚りに非ず。僻《ひがむ》べきは官者の覚には非ざるなり。

次に高指を押して又曰く。細誡の忠誠《ただまめ》に誡たれ。

高指はまた、信なり。是れ特《ひとり》誠《まこと》の支えなり。忠誠とは信、恂者《おそれつつしむもの》にして私の妄れ無きものなり。私を可《よし》とするは公者の誠に非ず。妄を可とするは、官者の誠に非ざるなり。


次に腰指を押さえて曰く。細克の慮りに克《よ》く克てよ。

腰指はまた、義なり。是れ禁克の支えなり。慮を克とは義の肆傲《ほしいまま》無きを悪むなり。肆《いちくら》を可とするは公者の克に非ず。傲《おご》るを可とするは官者の克に非ず。


次に、尾指を押さえて曰く。細節の敬《つつし》みは節《ほどよ》きに節《はか》れ。

尾指はまた礼なり。是れ厳節《きびしき》の支えなり。敬節は礼の謙《へりくだ》りなり。怠忽の無きをいうなり。怠るべきは公者の節には非ず、忽せにすべきは官者の節には非ず。

次に、掌心を抑えて曰く。細の徳の任《たえ》徳《いさおし》に徳《いさおし》せよ。

掌心《たなごころ》はまた、徳なり。是れ盈徳《ようとく》の支えなり。徳に任えるは徳を得るに未だ足らず、足らざるは公者の徳に非ず。未だしからずんば官者の徳に非ず。

六は僉《みな》細《こまか》きを以てす。是れ物を物とし、悉《くわ》しく通じ、事を事とし、艶《うるわ》しく達するは臣たる者の道なり。陰臣は國の目なり。先ず五徳の條目を格《ただ》して格致して、大綱に及ぶなり。


【解説】

先に日嗣の王が神璽を受けるための心構えと徳を説き、次に臣の役目として細かき徳の意味を王の太徳に対して置かれている。国家国民の安寧が保たれた良き国としていくため、左手に右手を合わせるように務めることが臣の道という。臣はよく細部に目配りし、大局に対処することで太徳が行き届くよう、五徳に己をただして務めよということである。

※　別本に、「又、右指を按いて曰く、小恵に恵むよろし、次に首指を按いて曰く、小覚の理に覚を覚れ、次に高指に按いて曰く、小誠の忠に誠に節せよ。終わりに掌心を按いて曰く、小徳の任徳に徳せよ。右は能く動いて臣位の従恵なる。故に皆蒙するにこれを以てする也。宜とは其の当に愛すべきを愛するなり。理は正しくして、邪無きなり。忠者は心を尽くして嘆かざる心なり。慮るは可否を審しくするなり。敬は分を守って僭せざる（おごらない）なり。任は其の徳を以て己の任とするなり。蓋しこの六は、臣庶の職分を尽くす大法なり」とある。

第九　道　数

倫道《たぐいのみち》の数は、是れ生にして順に転《めぐ》り五十五あり。

帝と后とは倫神にて自ら数を成す。

天北の一は水を生ず。地南の二は火を生ず。
天東の三は木を生ず。地西の四は金を生ず。
天中の五は土を生ず。地北の六は水を成す。
天南の七は火を成す。地東の八は木を成す。
天西の九は金を成す。地中の十は土を成す。

都合其の数は五十五なり。北従り東に順に転り、水は木を生ず。
東従り南に転じ木は火を生ず。南従り中に、火は土を生ず。

中より西にして土は金を生ず。西より北に転じ金は水を生ず。

生行は左より右に如《ゆ》く、之を名づけて順転と為す。天命は余りの五過《まさ》る。

其の極は道有る哉。


【解説】

先代旧事本紀大成経第一巻 神代本紀にある神の系譜には、始元神の天祖に始まり、最初の天尊 大甘美葦芽彦舅尊《おおうましあしかびひこじのみこと》、次に神代七代七世の神名が記されている。これらは記紀には記述がない神名と、記述されているが顕れる順序や位が異なるものである。

それぞれ神の位は、天地が成っていく縦の順と、またそれに連動するはたらきの横の順を表している。そして天地、また人を含むあらゆる物の生成過程がやまとことばで表現されたものが神名である。近代科学であれば数式で表すところを、神名と方位、数によって表したのが、天の理と天の法で、道数は、太占という神道の占いの元である。

神についての記述は天神本紀へ続き、しだいに自然界、有限の物質世界、そして人の世界へとより近づきながら八百万神まで記述されている。たとえば尊↓命と変わっていく。命は地上の生命にまでつながっている。

このように神名は、生成のはたらきを表した記号だととらえると、神話を人間社会に置き換え現世的解釈をしたり、神の位を社会的な上下関係のように考えるのは間違いであることがわかる。もとより人間社会の権威などに置き換えてはいけないのだが、始めに神の意味を取り違えると誤りに気づかない。神の意味がわからなければ、天皇の役目を理解できず、ひいては公の意味するところも公に務める臣の立場をも誤解を生じかねない。

道数では天地の成り立ちを表し、またそれを人に置いたところの教えは宗源、齊元、霊宗の章に詳しい。

神道では天祖からの水徳は天地に充満し常恒として変わりなく、またそのはたらきを地常立尊と神名する。天地未分の始めに現れる水のハタラキをまた、豊水気津神《とよみけつかみ》とも称する。帝と后は同じ水徳の　倫　神《たぐいなすかみ》　二代　倶　生　天　神　天　皇《ともになりますあまつかみあまつすめろぎ》　地常立尊《くにとこたちのみこと》と、天帝《あまつみかど》　豊御地主尊《とよみくにぬしのみこと》をいう。この章では、帝を地常立尊、后を豊御地主神としている。

人体におけるこの神のはたらきは水徳なので、中医学でいう腎をつかさどることになり、津液（シンエキ・体内の水分）を保護し骨を成すはたらきを助けるものである。また豊御地主神のはたらきは右側の腎、命門の気の源となる。この倫神、二神は人体における主たるはたらき、特に心臓と腎臓、循環器官の機能にはたらくとされる。

人身に宛てると腎臓は眞火を含んで下部に安定し、心臓は津液を蔵して身体上部で活動すること。つまり身体において天地、陰陽、南北の位置に同じといえる。

・道数　道、ミチは、気、質《み》、理の三つが通じて往還するという意味から成る。一説では充満の意味のミチルからの言葉という。荘子の言う「道に在らざる所無し」に相通じるともいえる。

・是れ生　生は、相生することの謂いで、すなわち木、火、土、金、水の五行が、木は火を生じ、火は土を生じ、土は金を生じ、金は水を生じ、水は木を生ずるという順序ではたらくことを相生するという。

・水、火、木、金、土　五行の木火土金水　この表現は易経、五行説からの剽窃ではないかと疑う向きもあるが、古代の倭国（日本）では、木（こ）、火（ほ）、土（いち）、金（かね）、水（み）とした。ただ時代が下るごとに漢意訓みの木火土金水という方が判りやすく使われたことが伺える。神教経の道数と五行易とは大筋で重なりあうところもあるが、数の意味、天地方位、天と人の関係などの解釈が異なる。五行易は人間社会の処世を占うのために書かれ、神教経は始源のはたらきの理そのものを説いていることの違いである。

・天北の一に水を生ず　儒書の「天一水を生ず」は同じ理である。一は始めの意。

・地南の二は火を生ず　二は火の生数にして、南方に位し陰数であること。

　このことは神代本紀に「地《つち》は陽を以て裏《うちつみたま》魂と為して、北陰の極に定まり、天は陰を以て裏魂と為して、南陽の極に動き以て天地の陰陽、南北の位を成す」とある。

・天東の三は木を生ず　三は木の生数にして、東に位しその数の三は陽数であること。

・地西の四は金を生ず　四は金の生数にして西に位しその数は陰数であること。

・天中の五は土を生ず　五は土の生数にして、中に位しその陽数にあること。

以上は五行の相生をいう。

・地北の六は水を成す　六は水の成数にして、北に位し陰数にあること。

・天南の七は火を成す　七は火の成数にして、南に位し陽数であること。このことは神代本紀に「又、地の二之気を以て之をまして、天の五の理に合わせて以て七数の位を得て、南の天の形を成し、南極を補いぬ」と説明されている。

・地東の八は木を成す　八は木の成数にして、東に位し陰数であること。これを神代本紀に「天三降魄尊《あめのみくだりたまのみこと》（二世独化天神　天王）は又、天三位尊と名う。この神は天三《たかあまはら》の気を以て之を降して、地の五理に合わせ、以て八数の位を得て、東の地の形を成す、東極の地を補う」とあり、又、「天八百日魄尊《あめのやおひたまのみこと》（四世独化神天王）は、又、天日鏡尊ともいい、この神は天の七つの気を以て之を下し地の五理に合わせ、二の数の位に還し南の地の形を成し、南極の地を補けませり。（略）又、地の八の気を以て之を抗《あ》げ、天の五の理に合わせ以て三数の位に還し、東の天の位を成し、東の極の天を補けたまう」と説かれ、陰の八数はまして木質を成すと記されている。

・天西の九は金を成す　九は金の成数にして、西方に位する陽数であること。

・地中の十は土を成す　十は土の成数にして、中央に位し陰数であること。陽数は天の数、陰数は地の数とし、合わせて陰陽の数に過不足が相はたらいていく。この理にしたがって天地が成立し、相生の五行が行われる。
「天北の一、地北の六、北より東にめぐると、三、八の木を生ず。東の三八の位より南に転じると、木から二、七の火を生ず。その南方に位する二七の火が中央に転じると五、十の土を生ず。西に転じ、四、九の金を生じ、それが北に転じ又、一、六の水を生ず」と説かれる。
以上の理を天命に順《したが》うの相生といい、五の過余とはその相生によって得た賜とし、順こそが「道」であることをいう。

独道の数は是れ尅なり。逆に旋り四十五なり。
独り化る独神も又、数を成す。
天坎の一は水を生ず。地坤の二は火を生ず。

天震の三は木を生ず。地巽の四は金を生ず。
天中の五は土を生ず。地乾の六は水を成す。
天兌の七は火を成す。地艮の八は木を成す。
天離の九は金を成し、其の数は都合四十五有なり。

坎乾の北従り兌坤の西に旋り、水は火を尅し、次第に離れ巽の南に旋り、火は金を克す。亦また、震艮の東に旋り、金は木を尅し東に旋り木は土を尅し、遂に北に旋って土は水を尅すなり。尅行は右より左に之《ゆ》く故に之を逆と為すなり。

【解説】

・独神《ひとりなりませるかみ》　独化天神《ひとりなりませるあまつかみ》のことで、ここでは倫神に対しての称。

・数の「順逆」とは、一、二、三、四、五、六、七、八、九、十と数えるのが「順」で、合わせて五十五となって百《もも》の半分の五十から五つ余ることを言い、

「逆」は、九、八、七、六、五、四、三、二、一と数を加えると計四十五となり、百の道の半分の五十に五つ足りない。その逆数をつかさどるので独神という。

・天坎の一は水を生ず　一は陽数であるところからこれを天と做し、坎《カン》は北方に位するから水に当たり、この水の数が一の生数であるということ。坎はアナと訓み、方角では正北を指し、易でも卦の名とされる。物の生ずる処の意味から天といったもの。

・地坤の二は火を生ず　二は陰数であるゆえに地とする。坤《コン》は大地であるゆえに二である。方角では西南の方位に当たり、また易の卦名に宛てられる。

・天震の三は木を生ず　三は陽数で天に当たり、震はフルウ、威力振幅を意味する。方位は東で易の卦名であり、木徳。これを皇太子、長男にも採るのは三を木の生数とし、春、仁に当たるからである。

・地巽の四は金を生ず　四は陰数なるゆえに地とし、巽はタツミで東南の間、四は金の生数をいう。

・天中の五は土を生ず　五は陽数で天、中央は土の座、天地正気の数、陽数のゆえに天に宛てる。

・地乾の六は水を成す　六は陰数であるゆえに地とし、乾は十二支の戌亥《いぬい》で西北方に位し水の生数なので水を成すという。乾は木が上に伸びる意味から天の方を宛てたもの。

・天兌の七は火を成す　七は陽数であるゆえに天とし、七は火の生数で、兌はヨロコブで、易の卦名でもあり、方位では西に当たる。

・地艮の八は木を成す　八は陰数であるゆえに地とし、艮は方位は丑寅（東北）に当たり、卦では艮《とどま》るの意味とされる。

・天離の九は金を成す　九は陽数で天に当たり、離は午の方位南に当たり、九は金の生数をいう。

・十の数は現れないで、四方四維《すみ》にかくされている。

半は陽なり。調は陰なり。即ち生成して十調と成る。是は焉、大数の中位を得るなり。

一三五七九は半にして陽数なり。二四六八十は調にして陰数なり。陰の五、陽の五にして十調と成る。中道の数なり。人事の百行。其の成ること必ず中道に在り。是れ即ち銓《はかり》の道なり。

【解説】

半は割り切れない数、これを奇数、又は陽数という。割り切れるを調（丁）これを偶数、又は陰数という。半には一という首《はじめ》があるが、十という尾《おわり》がなく、また調（丁）には一という首がなく、十という尾がある。この一三五七九という半と、二四六八十という調が二つそろうと百というまとまった数となる。「成ること中道に在り」とは、水は半の一、調の六を以て補足し、火は調の二を以て尾、半の七で補足し、木は半の三、八の偶を以て、金は調の四、半の九を以て、首尾となる意味。計りて中を取る均衡の大切さをいう。

陽行は過餘、陰行は不足、陽は是れ君位、陰は是れ臣位なり。君は臣の中に成るなり。

水、木、土は陽の半、之を生じ陰調、之に成る。

火、金は陰の調にして之を生じ陽半、之に成る。

陽は、三行を生じ、陽行と為り、即ち君位なり。

陰は、二行を生じ、陰行と為りまた、臣位と為る。

其の過餘は君位に在り、其の不足は臣位に在り、其の理の当然にして中道なり。

是れ中を銓る理の道なり。

【解説】

陽行は倫数の左旋りの順行にいい、陰行は独数の右旋り逆行にいう。倫数は五十五で五を余し、独数は五十に五の不足がある。余りは他に旋れるが不足はこの分を求めねばならない。この理を君臣の間の位に学び、中を採るということ。

生は過餘にして是れ文と賞なり。尅は不足にして是れ武と罰なり。

生の数は五十有五、五を増して過餘なり。尅数は四十五、五を減じて乃ち足らず。

上天《たかあまはら》は道に在りて雙数を成し、然るに中を辞して辺に之くは何ぞや。

文は是れ常の行いにして其の教えは大道なり。

武は、是れ時にして行い、其の教えは覇道なり。賞は必ず篤く行い、小功も棄てず、罰は必ず薄く行いて小罪を棄つ。

生においては過餘《あまら》ずんばあるべからず。尅に於いては不足せずんばあるべからず。

ゆえに共に辺にして中は也《これ》、即ち是れ理の道なり。

【解説】

天数の余りは道の出ずるところ、すなわち天を指し中を指す。中は倫数と独数を合わせて百となってそこには不足というものはなく、すなわち過ぎることも及ばざるということもない。それが「中道」というものである。辺は、独道、倫道が合一しない時は、何れも偏《かたより》で辺となる。だが生きる道においては、余りあって足らずということのないよう理に戻すことが道に適うやり方である。

・文は是れ常の行い　文治のことで、祭、政、教、経の文化の営みを指す。その時の教えは五倫の常道で当然、仁、智、義、礼、信である。

・武は是れ時に行い　武は乱世のこと。兵を以て敵を伐つ、防ぐことであり常に行うことではない。異変があるときのみ必要な統治をいう。

・生に於いて　文と賞を指す。充分すぎるくらいでなければならない。

・尅に於いて　武と罰は、出来るかぎり少ない方がよいということ。小さな成果も賞め、小さな罪は許せという寛容さ。つまり苛政と武力に頼る統治は理に沿わないということ。

過餘《あまり》と不足は百と成る。百数は中道と成る。

五十有五は過餘なりといえども、四十五と為し得るときは、百調と成る。四十有五は不足なりといえども五十五と為しえるときは、百調と成る。中位は茲に成る。是れ即ち理中の銓道なり。

【解説】

数に数えてその足らざるに対しては補い、余るのは不足にまわし加えれば、百に足らないということにはならない、そういう方法をいい、かたよらない道をいう。百は、モモで数の多いことを指す。また百は八十の枕詞で「モモタラズ八十（ヤソ）」といってその不足を表す。さらに禁中のことを「百敷（モモシキ）」といい、完全性を称える言葉でもある。

天数の百調は自然の中位にして生尅と分つときは偏りの辺と成る。中の中にも辺《かたよ》り有り。君子はすでに慎みて道と為さむ。

上天は元数有り。五十　雙《ふたつ》にして偏と辺に非ず。生と尅と成るときに偏と辺と成る。

人事の元、行いに有り。行いは五常にして偏頗《へんぱ》に非ず。成と敗《やぶれ》と成るときは偏頗と成る。是れ中の中に辺有る所以なり。

小人は中道を取りて、尋《すなわ》ち中道為りとし乍ら辺邪と成す。君子は中道を得るに更、慎み顧みなして、還って中正を堅むるなり。是れ、即ち慎みの道なり。

【解説】

天数は元々が百調としてあり、かたよらない。倫数と独数を指し、「百を以て調ふ」

は五十でも五十五でも、四十五でもそれはかたよりとなるわけではなく、調う。偏や辺は、神のせいではなく人の世の常であり、物事の過程と人の間に起きることである。ただし人の道はその元に五常がある。その理に沿えば不公平や僻みは起きないが、外れれば偏りが生じる。

また、愚かな者は自らの行いを中道と思い込んで誤りもするが、賢人は慎み深く、よく慮り、かたよりない行いを努めるゆえに中道を外れない道を行う。

生尅の辺位たるや、生は善の位、尅は悪の位なるゆえに辺位にして宜し。是れ辺の中に中有り。君子は陀《た》を慮り、慮りて道を為すなり。

生数は過餘《あまり》、尅数は不足なり。生の過餘と為るは理に非ずといえども害無し。尅は過餘と為り、理為りといえども害有り。（註・容と害と誤写を訂正）**ゆえに皇天は両辺に配り宜しく立てたまうなり。**

小人は道を失うにみな偏るとも又、功無きに非ず。是れ辺中に中有る由所なり。君子は慮り観て、偏罪を悪まず。是れ即ち慮道なり。

【解説】

・生は善の位　生は過餘の位であり陽数であり、善なる生が偏辺では当然ではないが、即ち非善であるが悪ではないし、また有害ではないという意味。

・尅は悪の位　尅は不足の位であり、陰数であり不足であって辺である。理であるといえども過余となれば害有りとなる。

・陀　クズレル、オチル、ヤブレルの意味。

・ゆえに皇天は…　天神はその不利と有利の二つをあらかじめ備えての意味。

・慮道　一見して偏りに見えることの中にも理に適う真実がある場合がある、それをよく見極めて判断すべきで、一辺倒に偏りと片付けてはならないという慮る心をいう。

・生尅　生は生ずる、助ける、守るなど。尅はきざむ、かつ、たえる、などの意味。生尅は対称の語、相対するそれぞれのはたらきを表す。必ずしも字義の通りではなく、神代本紀及び神教経の読解時は前後の文脈でとらえるべきで、五行易の解釈とは異なる。

這の道は畢竟、銓と理に在り。銓と理の極は是れ心の天に在るなり。銓は中極を得るの譬えの器なり。銓に非ずんば何を以てか、軽重の多少、中眞、正当の極《きめ》てを得んや。事は衆《おう》くして是れ竹、葦にも過《まさ》り、小中具わらざるということ無く、其の両辺には必ず悔い有らむ。中位を得るものは銓量を度《はか》るがごとく、其の正当を観察し、是を以て銓道を立つるなり。理は然限を得るの法の的なり。未だ其の偏、其の位を度《はか》らず又、其の数を抱かず、

其の分は唯、理の然るべきに依って道を成すなり。是れ道理を以て立つなり。
銓道と理道とを之に作《おこ》すは心なり。又、是を得るは心なり。
其の作すとそれを得るとは道に在り。是を心天と名《いう》なり。

【解説】
たくさんの物事にはすべて中があるように辺があり、辺には辺の事情がある。中を得るためには銓を用い、辺をもよく観察して、何が正しいかを理解して銓ぶことである。銓は中極を得る譬えの器であるが、銓りを用いるには心がなければならない。心は銓の錘である。物事は大小さまざまに違いはあっても、理は同じである。よって理によって銓を用いることである。その極めは心にある。銓と理とで中道をとることを心天という。

・銓　水を平らにするという字であり、銓別《はかりわける》、銓校《はかりくらべる》、銓量の意味。権、秤子《はかり》の錘《おもり》、物の軽重をはかることに通じる。分銅。えらぶの意味。

心天は中道を取りて中に辺有るに慎み、並びに辺に中有るを慮るなり。道は茲に有るなり。

中道に偏の辺有るを免れざるときは、身の終わるまで中を許すこと能わず。得ること許すこと能わずしてなんぞ道為らざらむや。

偏の辺に中道有ることを失わざるときは、壽尽《みまかる》まで凡て慢《あなど》ることを能くせず。愚を拌《すつること》を不能《あたわず》して焉ぞ智ると為さざるか。

銓道、理道、正しく立て中道存す。慎道、慮道、従に立ちて、中道は全し。道は茲に在るのみ。

【解説】

心天の道は、五心と五常にかない、中道の内にも辺があることの細やかさ、謙虚さをもってなるものである。辺は偏りであり、それがあれば終生心天に至ることはなく道を成すことはできない。また辺であってもそこに誠があるときは、最後まで見下してはならない。中道にも必ず偏と辺はあるもので、己の心意にまかせず公理に従って判断することが必要である。中道と一口に言っても偏らないことは難しい。銓道と理道、そして慎みと慮りをも忘れずに行いはじめて中道といえ、又それでこそ道となる。

天の法に則って、均衡と調和を見定めていくことが道数の教えといえる。

・愚を拌を不能して　愚かさをやめられないとは理に適わないことをいい、それでは智に至らないということ。（拌は棄つで理を棄てるの仮借）

先代旧事本紀大成経　第四十巻神教経　終

第九　道　数

おわりに

神教経本文に用いた写本は先代旧事本紀大成経（延宝七十巻本）の第四十巻経教本紀を用いた。やまとことばによる訓読文は同書の編纂者である宮東伯安齋氏によるものを用い、欠文、誤記を加筆訂正した。訓みかたについては多論あるが、この版においては宮東氏の選択を優先し、一部加筆したものである。宮東氏の長年に亘った研究へ敬意を表したい。そしてまたその志を継がれた安房宮源宗氏には特に霊宗道をご教授いただいてきた。心より御礼申し上げます。

神教経を含む経教本紀は、先代旧事本紀大成経を学び始めた頃から最も多く講義を受けたが難解であったことはいうまでもない。五鎮三才をはじめ、容易には理解しがたいところを補ったのが霊宗道の教えであった。神道とは霊しきがすべてであるといっても過言ではないと思うが、それを心得ている神官は意外に少ない。推古天皇が聖徳太子に特に問われたこともそのことであったのだから間違いではないと思う。霊宗道は実践による学びなのでハードルが高いからなのかもしれないが、本書がその背中を押す役割を果たし、関心を寄せていただけるならばこんなに嬉しいことはない。

第九 道数は、筆者の理解が足らず総論の解説に留め、正確を期するために詳細については宿題とさせていただいた。

また先代旧事本紀大成経の真偽云々という俗説に気を紛らわせず、鵜鶿伝及び延宝七十巻本を探求してこられた方々には陰に日向に支えていただいた。皆さまに心より御礼申し上げます。さらに資料関連の雑務を買って出てくれた飯塚まゆみさんと、助言をくれた友人に感謝を伝えたい。本当にありがとうございました。

そして専門家諸氏が著された学術書、論文、評論に多くを学ばせていただいた。巻末に掲げ謝意を表します。

未熟な解説であることをお詫びするとともに、今後の先代旧事本紀大成経研究によって新たな知見が得られることを期待します。なお卑見に対するご教示、ご意見には慎んで耳を傾けたいと思っています。

著者

平成三十一年一月十五日

参考文献（順不同）

『国家神道』（村上重良）
『国体の本義』（文部省編）
『大教宣布運動と祭神論争――国家神道体制の確立と近代天皇制国家の支配イデオロギー』（中島三千男）
『明治国家と宗教―井上毅の宗教観・宗教政策の分析』（中島三千男）
『教育勅語』『五箇条の誓文』（明治神宮刊）
『国家神道と日本人』（島薗進）
『天皇の玉音放送』（小森陽一）
『太平洋戦争』（家永三郎）
『つくられた「臣民の手本」像』（小澤祥司）
『昭和天皇』（原武史）
『大正天皇』（原武史）
『万葉集』（伊藤博校注）
『萬葉集名歌選釋』（保田與重郎）

『古事記伝』（本居宣長）
『古事記注釈第一巻』『古事記の世界』（西郷信綱）
『本居宣長』（小林秀雄）
『延喜式（上）』（虎尾俊哉 編）
『古事記神代巻』（纂註 加藤玄智）
『日本書紀神代巻』（原訓 橘守部・纂註 加藤玄智）
『先代旧事本紀大成経』（編纂 宮東伯安齋）
神代本紀 第一巻
天神本紀 第九〜十巻
天孫本紀 第十五〜十六巻
帝皇本紀 第三十三〜三十四巻
聖皇本紀 第三十五〜三十八巻
神皇本紀 第十七〜十九巻
経教本紀 第三十九〜第四十巻
『神教経 講義録』（安房宮源宗）

神教経　先代旧事本紀大成経伝（四）

二〇一九年三月五日　発行

著　者　安齋　玖仁

発行所　有限会社エー・ティー・オフィス
出版企画部　〇三（五四一一）四〇五四
〒一〇七-〇〇六二　東京都港区南青山四-八-十五

印刷所　錦明印刷株式会社
〒一〇一-〇〇六五　東京都千代田区西神田三-三-三

ISBN978-4-908665-05-9　

Sendaikuzihonkitaiseikyo-den

◇ 既刊本のご案内

先代旧事本紀大成経 72 巻本を読み解く
神とは何か、最古かつ最新の神道の学びかた

◇ 薫りたつ人　其の結　先代旧事本紀大成経伝（一）

先代旧事本紀大成経の入門編と「薫りたつ人」完結編の二部構成。大成経序伝の読下しと現代語訳。

◇ 古代憲法　先代旧事本紀大成経伝（二）

聖徳太子十七条憲法の原典、聖徳五憲法の現代語訳。原典は十七条×四部構成の詳細なもの。日本国憲法を巻末に収録、平和と平等を希求するという二つの共通点を示した。

◇ 宗 徳 経　先代旧事本紀大成経伝（三）

聖徳太子が著した神道神学二部作の二。宗徳経は万人のための道である宗源道を説いた生きかた指南書 現代語訳付き。